매일 인생이 더 행복해지는

기적의 아침 1분
HAPPIER 습관

Hale · Affirm · Positively · Pen Paper · Imagine · Exercise · Read

엄남미 지음

미라클모닝으로 인생을 행복하게 바꾸는 7가지 방법!

목차

프롤로그 · 8

제 1 장
왜 아침 1분 HAPPIER 습관인가?

#01 변화가 필요하기 때문이다 · 16
#02 성공하고 싶기 때문이다 · 21
#03 지겨운 직장을 그만두고 싶기 때문이다 · · · · · · · · · · · · · · 26
#04 경제적 자유를 얻고 싶기 때문이다 · · · · · · · · · · · · · · · · · 32
#05 어제와는 다른 삶을 살고 싶기 때문이다 · · · · · · · · · · · · · 36

제 2 장
아침 1분 HAPPIER 습관이 진짜 미라클모닝이다

#01 아침 1분이 기적을 만든다 · 42
#02 1분만 바꾸면 뇌가 바뀐다 · 47
#03 1분은 기적을 일으키기에 충분한 시간이다 · · · · · · · · · · · 52
#04 아침 1분 습관이 인생을 바꾼다 · 57
#05 매일 1분이 쌓여서 기적을 만든다 · · · · · · · · · · · · · · · · · · 62

제 3 장
아침을 낭비하면 인생을 낭비하는 것이다

#01 하루를 결정하는 시간이 아침이다 · · · · · · · · · · · · · · · · · · 70
#02 아침 계획이 없으면, 하루를 버리게 된다 · · · · · · · · · · · · · 77
#03 아침 기운이 가장 좋은 에너지다 · · · · · · · · · · · · · · · · · · · 83
#04 아침 기상은 자연의 순리다 · 88
#05 인류의 DNA가 말해준다 · 93
#06 귀한 날의 시작이 아침이다 · 99
#07 늦잠은 가장 비싼 낭비다 · 104

제 4 장

기적의 아침 1분 습관을 실천하는 7가지 방법
-아침 1분 HAPPIER 습관-

HAPPIER   Hale, 눈을 감고 1분 동안 심호흡을 세 번 한다 ············ 112
H**A**PPIER   Affirm, 오늘 하루가 기적이 될 것을 1분 확신한다 ········ 121
HA**P**PIER   Positively, 아침 일찍 1분 긍정의 말을 한다 ············· 128
HAP**P**IER   PenPaper, 종이와 펜으로 1분 쓰기를 실천한다 ·········· 134
HAPP**I**ER   Imagine, 희망차고 밝은 미래를 1분 상상한다 ············ 142
HAPPI**E**R   Exercise, 간단한 동작을 1분 동안 운동한다 ············· 147
HAPPIE**R**   Read, 바빠도 반드시 한 줄 1분 독서한다 ··············· 153

제 5 장

아침 1분 HAPPIER 습관을 통해 성공한 위인들

#01 빌 게이츠
: 전 세계 1위 부자를 만든 아침 1분 습관을 실천하다 ················ 160
#02 정주영 회장
: 아침 1분 습관으로 한국의 전설적인 경영의 신이 되다 ············· 165
#03 오프라 윈프리와 미셸 오바마
: 아침 1분 습관을 통해 세계 여성 1위가 되다 ···················· 169
#04 하월드 슐츠
: 아침 1분 습관을 새벽 경영으로 채택한 세계적인 경영자 ··········· 174
#05 팀 쿡
: 아침 1분 습관으로 애플 고객과 소통하다 ······················ 179

에필로그 ·· 184

부록
더 행복한 아침 습관을 만들어 보자

#01 딱 21일만 일찍 일어나보자 · 192
#02 심호흡으로 아침을 시작하자 · 195
#03 기적을 확신해보자 · 197
#04 긍정하고 감사하며 하루를 시작하자 · · · · · · · · · · · 199
#05 종이와 펜을 들어 보자 · 201
#06 생생하게 미래를 상상해보자 · · · · · · · · · · · · · · · · · · · 204
#07 아주 작은 운동부터 시작해보자 · · · · · · · · · · · · · · · 209
#08 독서에 중독되어 보자 · 212
#09 보상을 만들어 보자 · 214
#10 실패의 피드백을 해 보자 · 218

프롤로그

아침 1분이 여러분을 더 행복한 부자로 만들어 줄 것이다.
"이른 아침은 황금을 물고 있다 Early morning hath gold in its mouth.**"**
미국의 대표적인 흙수저이자 100달러짜리 지폐의 주인공 벤저민 프랭클린 Benjamin Franklin이 한 말이다. 가난한 인쇄공으로 보잘것없는 그를 행복한 부자로 만든 것은 이 책에 제시한 아침 1분 습관 덕분이다. 정치인이지만 대통령과도 맞먹을 정도로 위인으로 존경받았다. 자수성가한 벤저민 프랭클린은 아침 시간을 어떻게 보내느냐에 따라 부와 건강과 행복을 누릴 수 있다고 말했다.

인간은 본능적으로 지금보다 더 성장하고 더 성공하고, 부자가 되어 더 행복해지고 싶어 한다. 아니라고 말하는 사람들조차도 무의식 깊은 곳에는 지금보다 더 행복하고 부유해지고 싶어 하는 욕구가 있다. 부자가 되거나 큰 부를 얻어서 많은 사람을 돕고자 하는 욕망은 절대 잘못된 것이 아니다. 오히려 그런 요구들이 사회를 발전하게 하고 더 나은 세상을 만든다. 인간의 기본적인 욕구인 행복 하고자 하는 마음이 있음에도 요즘 사람들은 왜 행복하지 않다고 하는 것일까? 원인은 아침 1분을 어떻게 보내느냐에 달려 있다. 《부자 아빠, 가난한 아빠》를 쓴 로버트 기요사키는 **"부자와 가난한 사람의 단 하나의 차이점은 시간을 어떻게 사용하느냐에 달려 있다"** 고 했다.

누구에게나 공평하게 24시간이 주어진다. 가난한 사람이건 부자이건, 누구든지 세상에 태어나면 24시간이라는 하루 시간이 주어진다. 아주 평등하다. 차별이 없다. 하지만 이 시간에 누군가는 세상의 기아를 없애는 데 기여하고, 누군가는 하루하루 벌어 먹고살기도 버겁다. 아침이면 출근하여 녹초가 되도록 일하고 저녁에는 피곤해서 쓰러져 하루하루 사는 것이 지겹다고 말하진 않는가. 이런 상태에서는 자신이 누구인지도 모르고 뭘 좋아하는지도 모르고 삶의 방향이나 미래가 막막해 걱정스럽기만 하다.

지금 행복한지, 행복했던 적은 있었던지, 앞으로 희망이 있을 것인지, 미래의 막막함에 걱정하는 사람들이 많다. 특히 요즘처럼 불확실한 시대에는 누구나 불안하기는 마찬가지일 것이다. 그러나 어떤 사람들은 하루를 활기차고 행복하게 보낸다. 우리가 존경하는 성공한 사람들이라고 하는 부류의 활력이 넘치는 집단이 있다. 행복한 부자들은 아침에 일어나는 것이 설렌다. 하루 일하는 것이 기대되고 희망에 차서 일어나고 싶어서 새벽부터 눈이 떠진다. 이부자리를 박차고 벌떡 일어나서 체육관에 운동하러 간다. 차이는 뭘까?

행복한 부자들은 일반적인 사람들과 시간을 다르게 사용한다. 아침 시간 1분을 다르게 쓴다. 이 책에서 제시할 **더 행복한 법칙(HAPPIER)을 매일 이른 아침에 혹은 깨자마자 실천하기 때문이다.** HAPPIER 법칙이란 아침 1분을 어떻게 사용하느냐에 따라 지금보다 더 행복해지는 법칙이다. 삶이 불행하고 아침에 일어나는 것이 너무나도 싫었던 저자가 매일 실천해서 기적같이 더 행복한 삶을 사는 법칙이기도 하다.

다음과 같이 '더 행복한 법칙'을 정의한다.

H Hoohah Hooha Hooha 3번 크게 거울을 보며 심호흡한다.

A Affirm 하루를 놀라운 기적이 일어날 것이라고 긍정적인 기대로 확신하며 언어로 소리 내어 외치거나 속으로 말한다.

P Positively 아침에 말하는 단어들을 전부 긍정으로 바꾼다.

P Pen Paper 항상 종이와 펜을 들고 글을 쓰고 메모한다.

I Imagine 희망차고 밝은 미래를 상상 또는 시각화한다.

E Exercise 운동한다.

R Read 반드시 독서 한다. 성공자는 바쁜 와중에도 활자를 읽는 활자 중독자들이 많다.

팀 페리스의 《타이탄의 도구들》에 나오는 성공한 사람들과 행복한 사람들은 'HAPPIER 법칙'을 예외 없이 실천한다. 그러면 우리는 이렇게 유추할 수 있다. 성공은 단서를 남기고 행복도 단서를 남기니 그 단서대로 살아보는 것이다. 실험한다고 생각하고 딱 1분만 이 법칙들을 따라 하면 반드시 지금보다 더 행복해지고 더 부자가 될 수 있다. 명상하고, 웃고, 확언하고, 긍정적인 언어와 단어를 사용하고, 항상 글을 쓰고, 시각화하고, 운동하며, 독서를 해보자. 더 행복해질 수 있는 놀라운 법칙을 통해 우리는 지금보다 더 행복해질 수 있다. 아침 1분 습관을 통해 더 행복한 부자가 되면 더 많은 사람에게 그 방법을 알려줘서 함께 실천하면 시대를 좀 더 밝고, 낫게 발전시킬 수 있다. 가장 중요한 것은 매일 아침 일어나는 것이 기대되고 설레고 행복해진다는 것이다.

부자가 되는 법칙이 이 책에 제시할 **HAPPIER**(더 행복해지는) 법칙이다. 기존에 아무리 아침형 인간 책을 읽고, 미라클모닝 습관을 실천해도 여전히 제자리걸음이거나 행복하지 않고 불행하다는 생각이 든다면 이 책을 지금 당장 펼쳐서 끝까지 읽어보라. **매일 아침 딱 1분만 투자해서 HAPPIER 법칙을 실천하고 삶이 어떻게 바뀌는지 지켜보자.** '작심삼일'이라고 항상 외치는 분들이 작심 3,000일이 된다. 의지가 없거나 뭐든 다 귀찮다고 생각하는 독자들에게 적합한 책이다. **무엇보다 굉장히 실천하기 쉽다.** 과학적 이론이나 배경이 뒷받침되었지만 거창한 이론이 아닌, 실천하도록 만드는 책이기 때문이다. 이 책을 읽지 않으면 시간은 가고 있고, 낭비되는 시간이 전부 돈으로 바뀔 수 있는 행복한 부자가 되는 기회를 놓치기 때문이다.

경제적 자유를 꿈꾸고 있다면, 지금보다 더 나은 사람을 원한다면, 사업을 하고 싶고, 독립하고 싶고, 지금 다니는 직장에서 다른 위치로 가고 싶다면, 가장 중요한 지금보다 더 행복한 삶을 원한다면, 반드시 이 책을 매일 읽어보자. 지금의 1분이 10년 후의 여러분의 미래를 완전히 다른 곳으로 데려다 줄 것이다. 더 행복해지는 아침 습관 1분을 지금부터 시작해보자.

Be Happier
Just 1 Minute

삶에서 어떤 부분에 변화를 일으키고 싶은
간절한 뭔가가 있어서 이 책을 집어 들고 읽고 있을 것이다.
많은 사람들이 해가 바뀔 때마다 계획을 새운다.
하지만 새해의 결심은 실패할 확률이 92%라고 한다.
새해 결심이 유지되는 사람은 고작 8%인 것이다.
그 원인은 무엇일까?
이렇게 성공률이 낮다면 뭔가 바뀌어야 할 필요가 있지 않을까?
어떻게 해야 성공률을 높일 수 있을까?

답은 **해피어(더 행복해지는) 아침 1분 습관**에 있다.

제1장

왜 아침 1분 HAPPIER 습관인가?

왜 아침 1분 HAPPIER 습관인가?

#01
변화가 필요하기 때문이다

"30대인데 정확히는 1,650억 찍었어요. 나도 할 수 있고, 그도 할 수 있는 일은 모두 다 레버리지 leverage, 지렛대를 맡기지요."

어느 날 유튜브에서 검정 티셔츠를 입은 청년의 쉰 목소리가 울렸다. 알고리즘인지, 무엇인지 몰라도 현승원 ㈜ 디쉐어 의장이 쩌렁쩌렁한 톤으로 "30대에 1,650억 자산이요!"라는 소리를 크게 외쳤다. 인터뷰하는 유튜버 신사임당도 놀라서 "어떻게 30대에 그렇게 큰 자산을 모을 수 있냐?"라고 물었다. 곧이어 "행복하냐?"고도 물었다.

그는 매일 아침 1분 해피어 습관 덕분에 정말 과분할 정도로 행복하다고 답했다. 우리는 흔히 '부자'라면 어린 시절에 주입된 고정 관념이 있다. 무슨 이유에서인지는 몰라도 부정적인 이미지가 뇌리에 박혀있다. "부자는 뭔가 바람직하지 않은 방법으로 재산을 모았을 거야." 또는 "뭔가 사기를 쳐서 부자가 되었을 것이야"라는 근거 없는 이야기들이다. 그리고 사실인지 아닌지 생각도 안 해 보고, 그 사실을 믿어버린다. 물론 그런 부류의 부자들도 있다. 이렇게 부에 대한 부정적인 이미지가 잠재의식에 각인되면 '나는 좋은 사람이어야 하니까, 부자가 되면 안 된다'라는 인식이 강하게 뇌리에 박힌다. 뇌에 자리 잡은 생각은 심장의 잠재의식 깊은 곳까지 파고든다. 더 부자가 되어 지금보다 더 행복할 수 있는 사람들이 지금의 고정 수입에서 벗어나질 못하고 있다.

현승원 대표는 천억대 자산가임에도 불구하고 겸손하다. 아프리카나 제3국의 낙후된 지역에 학교를 짓고 있다. 2021년 대한민국 나눔 국민 대상도 받았다. 그에 대해 잘 몰랐기에 자료를 조사해 보고서야 알았다. 젊은이가 나이도 어린데 어찌 이렇게 남들이 쉽게 할 수 없는 일을 할 수 있는지를.

마침내 나는 그 단서를 찾았다. 그는 어린 시절부터 이 해피어(더 행복해지는) 습관을 매일 실천했기 때문이라고 했다. 그는 성경을 인생 책으로 꼽는다. 독서를 통해서 삶을 바꾸고 부자가 된 그는 아침 1분을 이렇게 시작한다고 했다.

아침에 일어나자마자 바로 찬양을 듣고 노래로 기분을 좋게 한 다음, 큐티(QT-Quiet Time)의 말씀을 듣고, 성경책을 펴서 1분간 읽고, 그다음 목사님께서 동영상으로 설교하시는 해설을 듣는다. 1분 동안 성경 말씀을 펴서 읽고, 기도

하고 명상한다고 했다. 1분 동안 하나님이 이 말씀을 한 의도는 무엇이고, 그 말씀이 현재 처한 나에게 주시는 말씀이 무엇이며, 오늘 나에게 적용할 수 있는 한 가지 메시지는 무엇인지를 가슴 깊이 새기고 실천한다고 한다. 그런데 이 1분이란 짧은 시간에 그에게 어마한 부를 안겨주는 단서가 있다는 걸 찾았는가? 그는 아침에 일어나자마자 하는 해피어 습관을 어릴 때부터 매일 실천한다고 한다.

신사임당이 "씻고 이 1분 습관을 실천하냐?"라고 물으니 바로 "솔직히 일어나자마자 안 씻고 한다"라고 한다. 아침은 자신과 더 행복해지는 시간이다. 누군가 안 씻었다고 뭐라 하지 않는 시간이다. 날 것 그대로, 자신의 있는 그대로의 괜찮은 모습으로 누구나 짧게 실천할 수 있다. 이 1분 습관이란 아침 시간에 소중하다고 생각하는 1분간의 활동을 하는 것이다. 해피어 습관이 쌓이면 모두 부자가 될 수 있다. 단 1분을 매일 지속해야 한다.

습관은 자동이다. 만약 이 1분 해피어 습관이 돈을 벌어다 주고, 큰 부를 쌓게 해준다면 매력적이지 않은가? 기존에 아무리 새해 결심을 해도 잘 안되는 이유가 바로 이 해피어 습관의 중요성을 간과했기 때문이다. 재정적으로나 건강상으로나 정신적으로나 행복하게 1,000억 이상을 벌게 해준다면 한번 해 볼 의지가 생기지 않는가. 아침, 이 짧은 1분을 여러분은 일어나자마자 어떻게 투자할 것인가.

현승원 대표도 어린 시절 변화가 필요해서 이런 습관을 자동으로 실천하게 되었다고 했다. 모든 사람이 바라는 소원은 이 현승원 대표처럼 젊은 나이에 돈을 많이 벌어서 남들에게 존경받고, 사회에 큰 가치와 이바지를 하면서 사는 삶이다. 평생 건강하게 장수하는 것이 인류의 공통적인 욕구다. 모두 다 건강한 삶을 꿈 꿀 것이다.

삶에서 어떤 부분에 변화를 일으키고 싶은 간절한 뭔가가 있어서 이 책을 집어 들고 읽고 있을 것이다. 많은 사람들이 해가 바뀔 때마다 계획을 새운다. 하지만 새해의 결심은 실패할 확률이 92%라고 한다. **새해 결심이 유지되는 사람은 고작 8%인 것이다.** 그 원인은 무엇일까? 이렇게 성공률이 낮다면 뭔가 바뀌어야 할 필요가 있지 않을까? **어떻게 해야 성공률을 높일 수 있을까?**

답은 해피어(더 행복해지는) 아침 1분 습관에 있다. 지금까지 아무리 결심해도 그 결심이 끝까지 지켜지지 않았던 이유는, 그래서 큰 부자로 살 수 없는 이유는 결심 자체가 잘못되었기 때문이다. 새해는 1월 1일만일까, 아니면 매일일까? 아인슈타인이 말한 "시간과 공간은 실제로 없다"라고 한다면 새해는 아무것도 없는 공간에서 새로 더해진 1분에 있다. 즉, 0에서 1을 더하면 1이 되어 성공하는 것이다. 그러나 변화를 결심했을 때 바로 하지 않고, 새해가 되면, 혹은 내년 1월 1일부터 시작한다고 미루면 변화에 대한 강력한 욕구가 사라진다. **만약 지금 변화해야 하겠다고 생각하면 당장 딱 1분만 바꿔라.**

새해를 맞아 '운동하겠다', '담배를 끊겠다', '다이어트를 하겠다', '영어 공부를 하겠다', '아침 일찍 일어나겠다' 등, 이런 목표들이 잘 이뤄지지 않는 이유를 한강성심병원 정신건강의학과 이병철 교수는 다음과 같이 말한다.

"작심삼일에 그친 가장 큰 이유는 목표가 너무 커서 무리이거나 구체적인 행동을 하겠다는 계획이 없기 때문입니다."

아침 1분 기적 습관은 지금보다 더 행복한 성취 과정에 중점을 둔다. 이 기적의 습관은 당신의 잠재의식이 매번 스스로를 성공하는 사람으로 인식하게 한다. 삶을 크게 변화시키나 부자가 될 그릇으로 만들어 준다. 1분 해피어 습관은 목표의 결과를 달성하려는 과정에서, 실패할 수 없는 더 행복해질 수 있는 습관이다. 결국에는 보람이 더 크다. 작게 1분만 투자하는 것이 큰 부와 큰 목표를 달성할 수 있는 비밀이다. 여러분이 이 책을 읽고 아침에 일어나는 습관을 딱 1분만 지금과 바꾼다면 여러분은 어마한 풍요를 누리게 될 것이다.

왜 아침 1분 HAPPIER 습관인가?

#02
성공하고 싶기 때문이다

필자가 운영하는 아침 습관 연구소인 "한국 미라클모닝" 네이버 카페에는 항상 새로 가입하는 회원들에게 이런 질문을 던진다.

"아침에 왜 일찍 일어나야 할까요?

대부분 답은 이렇다.

"성공하고 싶어서요."

그렇다. 모든 사람은 성공하고자 한다. 100명이면 100명이 다 자기 자신을 세상에서 가장 소중히 여긴다. 자신을 알아가고 싶고, 무엇보다 성공하고 싶다고 말한다. 지금보다 더 성장하고 싶고 행복해지고 싶다고 대답한다. 이 질문을 3,000명 이상의 사람들에게 던졌다.

　　인간의 무의식에는 기본적으로 지금보다 더 나아지고 행복하여지고자 하는 욕구가 존재한다. 그래서 인간이 진화하고 발전하는지도 모르겠다. 성장하고 싶어 하지 않는 사람들은 없다고 본다. 성공하지 못하는 이유를 환경이나 어떤 상황 탓으로 돌리고 싶어 하는 사람들도 뭔가 다른 간단한 비결이 있을 거로 생각하고 계속해서 그 방법을 찾는다. 그들은 결국은 지금보다 더 나은 삶을 살고 싶어 한다. 그런데 아무리 비결을 찾아도 삶은 더 나아지지 않고 계속해서 힘들어진다. 행복하지 않다고 하니 무엇이 문제인가, 뭔가 다른 것으로 바꾸려고 해도 잘되지 않는다.

　　그러면 우리는 이 문제를 어떻게 해결해야 할까? **일평생 형성된 성공 습관의 맹점을 파악해야 한다.** 성공하려고 매번 시도하지만, 번지수가 자꾸 틀리는 이유는 성공이 무엇인지 모르기 때문이다. 시크릿 Secret의 원조인 얼 나이팅게일 Earl Nightingale 박사는 성공의 정의에 대해서 먼저 명확해야 한다고 했다. 그는 성공을 이렇게 말했다.

　　"누군가 자신이 무엇을 위해 일하고 있는지 알며 무엇을 향해 인생을 살아가는지 안다면 그것이 성공이다."

　　어느 연구 결과에서 "전 세계 95%의 사람들은 성공한 삶을 살지 못한다고 느낀다."고 했다. 20명 중 19명은 왜 아침에 일어나서 일하러 가는지 그 이유조차 알지 못한다고 한다. 모두 다 남들이 하니까 그렇게 일어나서 일을 간다는 것이다. 남들이 다들 간다고 해서 따라가는 그 길이 성공과 행복을 보장해 주던가.

깊이 질문을 해 보고 대답해 보라. 1분만 사색해 보자. 자신이 누구이고, 이 세상에 왜 왔으며 아침에 일어나서 일하러 가는 목적이 무엇인가? 남들도 다들 그렇게 사니까 따라 사는가? 매일 아침 똑같이 일어나서 저녁이면 파김치가 되어 집에 와서 침대에 뻗어서 자는 삶을 40년 이상 반복하고 또 나머지 40년을 그렇게 보낼 것인가. 매일 불만족 속에서 행복한 기분은 가끔 느끼고 성공의 근처도 못 가보고 이 세상을 떠날 것인가. 이 질문은 매일 아침에 일어나서 해야 한다.

많은 선지자가 "사람은 우리가 대부분의 시간 동안 생각한 그것이 된다."라고 했다. 부처도 "인간은 마음속에 품은 어떤 것이든 생각한 대로 될 것이다. 어느 것이라도 느낀 대로 끌어당길 것이다. 무엇이든 상상한 대로 될 것이다."라고 말했다. 이미 인류의 미래를 훤히 내다본 깨달은 자가 한 말은 진리다. **"무엇이든지 생각하면 그 생각이 현실로 나타난다."라고 했다.** 반대로 말하면 아무것도 생각하지 않으면 현실에 아무것도 나타나지 않는다.

그렇다면 사람들은 행복하지 않은 이유는 바로 '행복한 생각을 하는 습관이 안 들어서'이다. 1분 해피어 습관을 실천하지 않고 매일 똑같이 아침에 일어난다. 낙천적이고 긍정적인 새로운 생각을 하지 않고 타성에 젖어 반복적으로 똑같은 생각을 하면서 일어난다. 거의 아침 풍광이 이렇게 펼쳐진다.

"아침에 일어나기 싫다."

고통스럽게 일어나니 삶에 변화가 없는 것이다.

BC560의 석가모니도 사람들에게 설법할 때 부자가 되어 많은 사람을 도우라고 했다.

"아침 1분을 낙천적인 태도로 시작하고 저녁 1분을 용서하는 마음으로 마무리하면 성공한다."

이 말에는 1분 해피어 습관의 중요성이 강조되고 있다. **성공하려면 성공하는 습관을 들여야 하는데 그 습관을 간과하고 결과만 바꾸려고 하니, 원인이 잘못 분석된 번지수 틀린 행동은 잘못된 결과를 가져온다.** 이 해피어 1분 아침 습관은 놀라운 고타마 싯타르타의 성공법칙이다. 이 법칙이 현대에 와서 주목받는 이유는 쉽기 때문이다. 성공하고자 한다면 아침 1분을 낙천적으로 시작해야 한다.

아침 1분 해피어 철학은 얼 나이팅게일 Earl Nightingale이라는 성공의 대가가 말하는 정확한 성공의 정의를 그대로 실천할 때 더 행복해질 수 있다. 우리가 아무것도 생각하지 않으면 아무것도 안 된다. 평생 죽을 때까지 같은 삶을 반복해서 살다가 행복한 순간을 다 놓치게 될 것이다. 나이팅게일의 말처럼 **'아침에 잠에서 깨어나 자신이 하고 싶은 일을 하는 사람이 성공한 사람'** 이다.

밥 딜런Bob Dylan은 음악으로 노벨문학상을 받은 성공한 사람이다. 그의 성공의 정의를 한 자세히 보라. 그는 자기의 자서전에서 이렇게 말했다.

"나에게 노래는 가벼운 오락 이상의 의미가 있다. 노래는 나의 개인과외 선생님이었다. 음악은 현실에서 변화된 의식으로 살아가게 하는 안내자였으며, 해방된 공화국이었다."

아침에 일어나는 목적이 분명해 보인다. 성공의 정의는 이렇게 내리는 것이다.

밥 딜런은 아침 해피어 1분 습관의 신봉자였다. 그는 매일 아침 해피어 법칙인 펜과 종이로 집 구조, 가구와 기물을 그린다. 종이에 자신의 감정을 매우 생생하게 묘사했다. 일기와 메모를 적으면서 통찰력을 일찍 일어나서 적었다. 성공은 거창하게 정의되지 않는다. 자신이 하고 싶은 일이 무엇인지를 간단하고 정확하게 정의해 보라. 그리고 그 일을 왜 해야 하는지에 대한 답을 찾아간다면 목표를 향해 즉 성공이란 목표를 향해 한 발짝 다가설 것이다.

승자는 언제나 깨어있는 의식으로 산다. 항상 활기차다. 진정한 승자는 성공에 대한 정의를 정확히 내려 꿈만 꾸지 않고 아침 1분을 남과 다르게 시작해서 꿈을 이룬다. 시크릿 영화의 출연자인 밥 프록터Bob Proctor는 딱 1분 동안 성공을 정의한 문장을 쓴 종이를 일어나자마자 읽으라고 했다. **지금 당장 1분 동안 자신 성공의 정의를 내려보라. 왜 성공해야 하는가? 당신에게 성공은 무엇인가?**

왜 아침 1분 HAPPIER 습관인가?

#03
지겨운 직장을 그만두고 싶기 때문이다

최근 연구 결과에 의하면 파이어족FIRE, Financial independence, Retire early이 20~30대 사이에서 42% 늘었다. 파이어족이란 '경제적인 자립과 조기 은퇴하는 집단'을 말한다. 잡코리아와 알바몬에서 젊은 나이에 일하는 계층에서 조기 은퇴 자금을 마련하기 위해 무엇에 투자하는지를 조사했다. 주식투자(50.7%)가 가장 많은 투자종목으로 많이 나왔고, 그다음으로 절약(35.8%), 예금(30.1), 투잡(10.9%), 부동산(8.7%), 기타(2.8%) 등으로 나왔다. 경제적인 독립이 보장되면 직장을 그만두고자 하는 많은 사람들의 심리가 드러나는 통계다.

이 조사에서 모집된 젊은 남녀 1,117명의 표본은 꽤 많은 수이고, 이 중 절반 이상(57.0%)이 조기은퇴를 원한다고 답했다. 많은 사람들이 직장을 다니기 싫어하는 것이다. 아침에 일어나서 직장에 나가서 일하기 싫고, 재정적으로 빨리 독립해서 조기에 은퇴하고, 원하는 일을 하면서 자유롭게 사는 것이 요즘 사람들의 변화된 직업 정의이다.

과거와 달리 젊은 나이에 부자가 될 기회가 많고 실제로 늘어나고 있기 때문이다. SNS의 발달로 그런 부자들이 자신의 부를 자랑하며 사진과 동영상을 올린다. 인터넷상에 떠돌아다니는 수많은 사진을 보고, 마음이 동요되지 않을 사람들은 없다. 우리나라에서 이른 은퇴를 원하는 젊은 세대가 많아지는 이유가 아침에 일어날 때 직장에 가기 싫어서일 것이다. 이 현상은 아마 주위의 많은 가정에서 펼쳐질 것이다.

필자도 남편과 진지하게 직장에 관한 토론을 해봤다.

"만약 경제적 완전한 자유가 주어지고 여건이 된다면 직장을 다닐 거야?"라고 물어보니 "음, 생각해봐야겠지만, 다른 걸 할 수도 있겠네." 이렇게 대답했다. 재미있을 때도 있지만, 뭔가 다른 일을 해보자 하는 성공에 대한 욕구들이 가득하다. 실제로 꿈을 적어보라고 하면 남편의 꿈은 크다. 그런데 직장생활을 해서 그 꿈을 다 이룰 수 있을지 궁금하다. 아내로서 응원은 해주지만, 선택은 본인이 하는 것이다. 누구나 부자가 되고 성공하고 싶어 하고 건강하게 큰 꿈을 이루어 사회에 공헌하고자 하는 욕구는 비슷했다.

또 다른 일자리 전문기업이 직장인 1,242명을 대상으로 '만약 경제적 자유가 있다면 나이와 상관없이 곧바로 은퇴할 것인가'에 대해 조사를 했다. 여기에 '의향이 있다'고 대답한 사람들이 73.7%였다. 이는 무엇을 뜻하는가. 불확실한 미래에 대한 걱정인 탓도 있겠지만, 자신이 진정으로 좋아하는 일을 하면서 능력을 완전히 펼칠 수 있는 직장이 드물다는 뜻이기도 할 것이다.

성공은 자신이 바라는 일의 가치를 찾아내고, 그 일을 하는 것에 대한 'Why(왜)'가 정해질 때 가능하다. 일하러 갈 때 뿌듯한 사명감과 행복감으로 하루를 시작하고 싶어 할 터인데 직장인의 70퍼센트 이상이 은퇴하고 싶어질 정도로 스트레스를 받는다면 뭔가 바꿔야 하지 않을까. 이는 처음부터 직업 선택이나 삶을 살아가야 할 방향 설정이 잘못되었다는 것을 뜻한다.

아침에 일어날 때 1분의 생각이 잠재의식에 가장 중요하고 그때 떠올린 이미지와 감정, 생각이 평생을 좌우할 정도인데 일을 해야 할 사람들 대부분이 직장에 가기 싫어하고 빨리 은퇴해서 다른 일을 하고 싶거나 놀고 싶거나 취미를 즐기고 싶거나 뭔가 지금 이대로 살아서는 안 되겠다는 자각이 든다고 한다. 국가 경쟁력을 책임질 젊은 층이 인구감소로 점점 줄어드는데 직장에서 일하는 것이 싫다면 경제와 삶이 어떻게 바뀔 것인가. 심각하게 고민해야 할 사항이라고 생각한다.

만약 지금의 직장이 정말 싫다면, 뒤도 돌아보지 말고, 바로 그만둬야 한다.

왜냐하면 시간은 계속해서 흘러가고 있고, 어딘가에는 자신이 정말 잘하고 좋아하고 인정받을 수 있는 일이 있다. 만약 직장의 정해진 시간의 구속이 싫다면 사업을 하거나 창업하거나 다른 방법의 일을 찾아봐야 한다. 정말 많은 사람이 아침에 일어날 때 자신이 즐거운 일을 하면 알람이 울리지 않아도 일어난다. 이걸 어떻게 증명할 수 있는지는, 바로 필자가 그랬기 때문이다.

안정적인 평생직장이었던 교사직을 그만두면서 단 1%의 미련도 없었다. 그 길이 내 길이 아닌 것을 아침에 일어날 때마다 직장에 가기 싫은 우울한 마음이 보여줬다. 무엇보다 생각했던 꿈을 이루기 위한 직장이 아니었다. 학교 가는 것이 하루하루의 반복이고 그날이 그날이었다. 뭔가 활력 가득하고, 열정이 있고 즐거운 직장이 나에게는 아니었다. 8년 근무하고 그 좋은 평생 밥통을 차고 나왔다.

그 자리를 다른 사람에게 내어줄 수 있었다는 감사의 생각이 이제는 든다. 일을 그만둘 땐, 정말 잘할 수 있고, 가슴이 떨리고 미래가 보이고, 더 즐거운 일을 찾았기 때문이다. 글을 쓰고 번역하고 책을 읽고, 사람들을 만나고, 다양한 분야에서 활동하는 것을 좋아하는 성격이라서 직장을 그만둬야겠다는 결심을 했다. 학교라는 건물에 갇혀 있는 느낌이 나처럼 에너지가 커서 넓은 공간을 좋아하는 사람에게는 맞지 않았다. 책을 쓰고 읽고, 번역하는 직업은 무한대의 공간에 접속할 수 있다. 그래서 과감히 그만두었다.

지금 생각해 보면 정말 잘했단 생각이 든다. 만약 그때 그만두지 않았더라면 아침에 일어나는 것이 싫었을 것이다. 안정적인 월급이 고정적으로 들어오고, 경제적인 부분에서 모든 것이 다 채워질지라도 만약 꿈이나 목표가 설레지 않으면 나는 사람들에게 다른 방향을 찾으라고 권한다. 싫어하는 일을 하면서 꿈은 저 멀리 제쳐두고 하루의 아까운 시간을 낭비한다면 그것은 더 행복하기 위한 올바른 방향이 아니다.

그렇게 살면 아침에 일어날 때 희망찬 미래를 상상할 수 없다. 다행히 지금은 원하는 시간에 좋아하는 일을 하고 있기에 새벽에 일찍 일어나서 즐거운 활동을 하지만, 만약 지금 이 글을 읽는 분 중에 직장에 가고 싶지 않다면 아침 1분 동안, 자신이 진정으로 원하는 것을 지속해서 써보기를 바란다. 자신에게 더 행복한 아침을 선물할 수 있는 그 '단 한 가지'를 찾을 때까지 지속해보라.

자기 계발해서 성공한 사람들은 **열정적인 하나의 일을 찾기 위해서 찾을 때까지 노력하라**고 한다. 이 말은 사실이다. 지금 다니는 직장이 싫으면 국가의 경제력과 자신의 에너지와 시간을 무작정 무한정 흘려보내는 것보다 다른 선택을 하는 것이 좋다. 마음은 모든 생각을 현실로 되돌려 보내준다. 마음속에 지금 직장을 그만두고 싶어서 책을 읽고 자기 계발하면서 새로운 뭔가를 준비하고 찾는 중이라면 진정으로 가슴 떨리는 일을 자주 상상하고 그것을 가능하게 하는 직장을 찾자.

그 직장은 파이어족이 되어 새로 창업한 자신만의 회사가 될 수도 있고, 자유롭게 세상을 여행하면서 글을 쓰는 작가가 될 수도 있고, 자신의 가치를 전달하는 강연자가 될 수도 있다. 만약 경제적인 것이 걱정된다면 그것은 신경 안 써도 된다. 왜냐하면 하루하루 가슴 설레면서 알람이 안 울려도 벌떡 일어나게 된다면, 삶에서 일어나는 모든 일을 즐겁고 재미나게 처리할 수 있기 때문이다. 돈과 풍요는 저절로 들어온다. 또 이 책에서 제시하는 시각화와 확언을 이용하면 생각과 마음의 힘으로 넘쳐날 정도로 풍요로울 수 있다. 파이어족도 금방 가능하다. 그런데 파이어족이 되어 대안이 없이 막연히 사는 것이 아니라 더욱더 재미나게 좋아하는 일을 하면서 평생 건강하게 장수하면서 즐겁게 노년을 즐길 수 있다.

잠시 1분 동안 생각해보자. 나를 평생 더 행복하게 해줄 그 '단 한 가지'는 무엇인가?

왜 아침 1분 HAPPIER 습관인가?

#04
경제적 자유를
얻고 싶기 때문이다

"경제적 자립은 생각보다 방법이 다양하다."

퀀트 투자 전문가 강환국은 주식이나 부동산으로도 성공하기 힘든 시기가 요즘이지만, 여전히 사람들은 경제적인 자유를 꿈꾼다고 말했다. 30대에 경제적인 자립을 통해 파이어족이 많아진 것이 사실이니 사람들은 그런 사람들을 부러워할 수밖에 없다. 경제적 자유가 모든 사람의 공통적인 욕구이기 때문이다.

30대에 경제적인 자립에 성공해 조기에 은퇴를 해버린 경우가 종종 있다. 평범한 직장인이나 대학생으로 몇십억 원 이상 자산을 이룬 사람들도 많다. 사람들은 이렇게 되고자 자기 계발한다. 강환국 작가는 38세에 투자와 부업, 절약, 등 순자산으로 29억 원을 모으고 신의 직장을 나왔다. 대한무역투자진흥공사라는, 남들은 들어가기 위해 고시생처럼 공부해서 얻으려 애쓰는 그 안정적인 직장을 나왔다. 그는 《파이어》라는 책을 냈고, 파이어 경제적 자유 4단계 법칙을 제시했다.

파이어 경제적 자유 4단계 법칙

1. 젊은 파이어족은 목표를 세운다. 자신에게 맞는 시나리오를 쓴다.
   아침 1분간 일어나자마자 작성한다.
2. 종잣돈을 모으기 위해 지출을 극도로 줄이고 저축한다.
   아침 1분간 지출 기록을 매일 한다.
3. 수입을 올리기 위한 행동을 한다. 연봉 협상, 이직, 부업, 창업한다.
   아침에 일어나서 1분 시각화한다.
4. 투자한다. 투자하기 위해선 일단 종잣돈 1억을 모은다.
   아침에 일어나서 1분 동안 배움을 지속한다.

종잣돈을 만들기 위해서는 지출을 극도로 줄여야 한다. 경제적인 자유가 꿈이라면 4단계를 철저히 행동에 옮기면 가능하다. 이런 행동을 하지 않고 경제적 자유를 얻는 방법이 있긴 하다. 보이지 않는 것의 힘을 믿는 말의 힘, 확언으로 가능하기도 하다. 정신의 힘으로 끌어당기는 방법이 있기도 한데 그 방법을 쓰려면, 100%의 믿음이 있어야 한다. 1억을 10억까지 만들 때는 지출을 줄이고 수익은 늘리고 투자도 잘해야 한다고 젊은 파이어족은 말한다.

경제적 자유를 누리려면 어느 정도의 금액이 있어야 하는지 전문 기관에서 조사했다. 최소한의 금액은 5억 정도를 만들면 파이어족이 가능하다고 한다. 미국에서 트리니티 대학에서도 연구했다. 결과는 모아놓은 돈, 즉 자산의 4% 정도를 매년 지출하면 죽을 때까지 돈 걱정 없이 살 가능성이 크다는 것이다. 5억이면 2,000만 원 정도로 생활하다 보면 25년을 걱정 없이 살 수 있다. 벌지 않아도 지출만 해도 그렇게 된다고 하니 중간에 사업을 해서 돈을 더 많이 불리면 얼마나 더 풍족하겠는가. 경제적 자유가 그리 어려운 것은 아니다. 만약 싱글이라면 연 지출을 2,000만 원으로 유지하면 혼자 생활이 가능하다.

《나는 오늘도 경제적 자유를 꿈꾼다》의 저자인 청울림(유대열)은 삼성이란 좋은 직장을 그만두고, 부동산을 투자하여 경제적 자유를 얻었다. 지금은 100억 대 부자가 되었다. 만약 파이어족이 되고자 한다면 **먼저 강한 경제적 자유를 꿈꾸기 위한 마음의 결정이 있어야 한다.** 만약 '남들이 막연히 하니까 나도 해보고 싶다' 정도의 희망이라면 시간이 더 걸릴 것이다. 단순히 '원한다' 정도의 약한 마음은 종잣돈을 모으기 위한 행동이 바로 나오지 않을 것이다.

그러나 정말 직장을 그만두고 꿈을 꾸는 삶을 살고자 경제적 자유를 얻고 싶은 열망이 가득하다면 놀라운 힘이 나온다. 보이지 않은 잠재의식이 움직인다. 매일 아침 딱 1분 해피어 법칙을 적용해 목표를 정하고 시작하자. 딱 1분만 목표를 그리고 써보라. 아침 1분 습관이 여러분을 파이어족은 물론 큰 부자로 만들어 줄 것이다. 그들은 모두 새벽이나 이른 아침에 자신이 간절히 바라는 것을 종이와 펜을 들고 적었다. 종이에 쓰고 연구하고, 책을 보고 노력하고 행동했기에 자유가 가능했다.

만약 가족이 있는 경우라면 모아놓은 돈으로 창업하거나 부업으로 즐기면서 해도 된다. 슬슬 일하면 돈이 또 모이니 경제적인 자유는 어려운 것이 아니다. 미래 대본이나 미래일기를 종이와 펜으로 작성한다. 계속해서 목표를 이룰 때까지 수정하고 작성해 보면 좋다. 이렇게 목표가 있으면 아침에 일어나는 것이 즐겁다. 아침에 1분 일찍 일어나서 이미 모든 꿈이 이루어진 대로 사는 모습을 상상하면서 하루하루 더 행복해지는 해피어 법칙으로 매일을 산다면 경제적인 자유는 달성한 것과 마찬가지다.

왜 아침 1분 HAPPIER 습관인가?

#05
어제와는 다른 삶을
살고 싶기 때문이다

사람들은 막연히 아침에 일찍 일어나야 한다고 하니까 일어나야 하는 목적 없이 일어난다. 결국, 아침에 '무엇을 하고 싶은지'를 정하지 않으면 일어나는 게 쉽지 않다. 해피어 1분 법칙은 굉장히 쉽다. **딱 아침 1분만 투자해, 자신이 결국 무엇을 하고 싶은지에 대한 답을 정확히 종이에 쓰기만 하면 된다.**

"술을 끊자."

"다이어트를 하자."

"올해는 독서를 해보자."

"여행을 가자."

"안 해 본 도전을 하자."

"운동하자."

"저축하자."

"투자하자."

"헬스클럽에 등록하자."

이런 행동들은 처음에는 의욕이 생긴다. 왜냐하면 미루고 또 미루고 안 되던 행동을, 새해가 되면 반짝하고 뭔가 마법의 지팡이가 나와서 삶을 바꿔줄 것으로 생각하기 때문이다. 시간이 지나면서 처음의 의욕이 떨어진다. 이 계획들은 실행하기가 굉장히 어렵다. 가장 큰 이유는 이 행동이 애매모호하기 때문이다. 술을 끊고 싶은데 하루아침에 끊는 것은 보통 독종이 아니고서야 쉽지 않다. 거의 수행자다. 스님 같은 결단을 내려야 한다.

술을 줄이더라도, 마시고 싶은 날에는 알코올이 들어가서 취하는 것보다 무알코올 맥주를 마시는 것도 대안이 될 수 있다. 술에 취해서 고통을 이겨내려는 습관은 중독되게 만들고 그 중독이 심각해지면 다른 가치 있는 일을 못 하게 한다.

탈무드의 랍비들은 "아침에 늦게 일어나고 낮에는 술을 마시며, 저녁에는 쓸데없는 이야기로 소일하게 되면 인간은 일생을 간단히 헛되게 만들 수 있다."라고 말했다.

늦잠과 술 등으로 인생을 간단히 한순간에 헛되게 만드는 것보다 다음의 1분 해피어 법칙을 기억하자.

"자네가 이 세상에 태어나서 좀 더 나은 곳으로 세상을 바꾸고 간다면 자네는 반드시 지금보다 더 행복해질 것이네."

미국의 사상가인 에머슨Ralph Waldo Emerson의 위의 말을 떠올리는 것도 좋겠다. 인생을 가치 있고 좀 더 나은 행복한 곳으로 만들고자 한다면 약간의 변화만 주고 서서히 나쁜 습관을 끊도록 한다. 술도 습관이기에 분위기에 휩쓸려 마시는 경우가 대부분이다. <mark>어떤 선택을 할 때 1분만 더 생각하여 미래에 행복한 쪽으로 결정한다.</mark> 1분 동안 생각한다. 습관적으로 나오는 행동을 잠깐 참고 1분만 더 행복한 선택을 하는 시간을 주자. 그리고 이렇게 말하는 것도 효과가 있다.

"나는 술을 마시려는 욕구를 기꺼이 내려놓겠어."

이 말을 1분에 60번 이상을 하는 것이다. 그러면 그 욕구가 사라진다. 그래도 너무 스트레스를 받아 술을 마셔야 하겠다면, 무알코올 맥주를 마시거나 포도주 딱 한 잔으로 정한다. 대신, 반드시 지킨다. 몸의 건강도 챙기고 혈액순환도 좋아진다. 항산화 물질인 폴리페놀이 나오는 포도주 한 잔만 허용한다.

적포도주의 폴리페놀은 우리 몸에 있는 활성산소(유해산소)를 해가 없는 물질로 바꿔주는 항산화 물질이 가득한데, 그 종류가 수천 가지가 넘는다. 영국의 엘리자베스 여왕은 98세까지 건강하게 장수한 원인 중에 하나로 이런 포도주 같이 좋은 항산화 물질의 술을 마신 것도 꼽는다. 적당한 음주는 좋지만 과하면 무조건 탈이 나게 된다. 이런 기준을 정해서 그 행동을 지키는 것이 잠재의식을 서서히 바꿔서 술이 주는 독한 기운을 정화할 수 있다.

변화된 행동을 하는 목적과 이유가 정확히 나와야 한다. 필자의 경우는 뇌에서 이해가 가는 행동을 바꾸고 싶을 때는 1분 동안 변화해야 할 이유를 나올 때까지 적는다. 그러면 바람직하지 않은 행동은 끊어지고 좋은 행동을 하게 된다. 술을 끊을 이유가 하나도 나오지 않으면 아직은 바꾸고 싶지 않다는 뜻이다. 이럴 땐 **바꾸고 싶은 간절한 때가 왔을 때 그때 바꾸는 것이 좋다.**

어제와 다른 삶을 살고자 한다면 원하는 삶의 모습을 적어보라. 아침 1분을 투자해 설레게 만드는 해피어 1분 사색을 해 보자. 지금 매일 습관처럼 반복하는 것과 원하는 삶을 사는 것의 차이를 줄일 수 있는 1분이 될 것이다. 더 행복해질 수 있는 단 하나의 행동은 무엇인가. 그 행동을 하는 이유와 바꾸고 싶은 바람직한 습관의 구체적 행동을 적는다.
'끊자, 하지 말자, 버리자!' 등등의 부정어로 습관을 서술하지 말아야 한다. 변화된 행동을 긍정적인 언어로 서술해야 한다.

의욕이 높아지는 장소에 자신을 자주 데려가자.
그것이 아침 1분 해피어 습관을 더
욱더 다채롭게 하여 성공하는 방법이다.
행복의 90%는 습관이다.
자신이 더욱더 행복해지는 방법을 연구하는 사람은
습관을 좋은 쪽으로 들이기 때문에 점점 더 행복해진다.

제2장

아침 1분
HAPPIER 습관이
진짜 미라클모닝이다

> 아침 1분 **HAPPIER** 습관이 진짜 미라클모닝이다

#01
아침 1분이
기적을 만든다

"알라이얀의 기적!"

대한민국 축구가 기적처럼 성장했다. 월드컵에서 한국이 포르투갈을 꺾고 12년 만에 16강에 진출했다. 기적이란 뭘까.

기적은 간절한 아침 1분 해피어 습관에서 온다. 대한민국과 포르투갈의 경기가 있는 2022년 12월 2일 저녁 12시 12분에 대학생 큰아들이 엄마에게 카톡으로 문자를 했다.

"엄마 제발, 오늘 20년 전처럼 기적이 일어나길."

시각화와 잠재의식 전문가이자 자기 계발 강연자인 엄마는 아이에게 어떻게 기도하라고 가르쳐주었을까?

"성민아, 네가 간절히 바라면, 하늘이 태산도 움직이게 할 거야. 엄마가 비장의 카드를 알려줄게. 네가 어렸을 때 축구를 너무나도 좋아해서 돌 때부터 공을 차기 시작했지. 5살 때에는 노란색 축구화를 신고 초록색 줄무늬 티셔츠를 입고 시립대학교 초록색 잔디 구장에서 뛰면서 골을 넣었지. 엄마는 그 기억이 생생해. 네가 초등학교 축구 대회에 나갔을 때도 정확히 골인하면서 얼마나 기쁘던지. 손을 흔들면서 감격하며 기뻐하는 그 모습, 엄마는 그 이미지 하나가 생각나!"

아이에게 1분 동안 세상에서 가장 행복했던 순간을 이미지로 잠재의식에 심어줬다. 사진 찍듯이 기분 좋은 감정을 생생히 묘사해주었다. 아이의 바람은 간절했다. 축구 경기 응원을 위해 대학교에서 자취하는 친구들과 텔레비전 앞에서 치킨을 시켜 먹으며 응원하는 걸 사진으로 보내줬다.

필자는 해피어 습관을 위해 이미 잠이 들어있었는데 이상하게 너무나도 평온하고 기분이 좋았다. 아침에 첫눈이 와서 새벽 운동을 하는데 축복이 쏟아지는 느낌이었다. 좋은 결과가 예상되었다. 아니나 다를까 우리나라가 기적처럼 이겼다는 것이다. 이미 시각화에서 좋은 느낌을 한 번 받았기에 결과가 어떻든 마음이 굉장히 평온했다. 시크릿과 끌어당김의 법칙에서 말하는 기분 좋은 감정과 이미지 상상이 기적을 일으켰다. 해피어 1분 습관이 기적을 가져다준다는 것을 다시 한 번 깨달은 순간이었다.

2002년은 필자가 결혼을 한 해이다. 아직 큰 아이가 태어나지 않았다. 그 아이가 뱃속에 들어오려고 준비하고 있을 때 붉은 악마가 광화문에서 응원하는 열기에 감격했다. 하나 된 우리나라가 4강 신화의 기적을 일으킨 그때를 다시 회상했다. 기적이란 간절히 바라고 온 국민이 하나가 되어 어떠한 부정적인 에너지를 보태지 않는 하나 된 사람들의 의식에서 비롯된다는 걸 알았다. 의심이 하나도 안 섞이고 할 수 있다는 믿음이 있을 때 가능하다. 굉장히 평온한 상태를 1분만 느끼면 어떤 것도 가능하다.

하나로 마음이 모이는 순간 기적이 일어난다. 간절한 바람이 마음으로 모두가 하나가 되었다. 그 에너지가 선수들의 마음에까지 닿았다. 한국 팀 주장 손흥민은 '할 수 있다'라는 강력한 자신감과 믿음이 선수들을 단합하게 했다고 인터뷰에서 답했다. 비록 자신은 골을 넣지 않았지만, 행복한 눈물을 흘렸다. 남을 도운 것이 너무나도 기뻤다는 손흥민 주장은 감사할 줄 아는 사람이다. 더욱 훌륭한 것은 그의 아버지가 인터뷰에서 한 말들이다.
"지금도 나는 초심을 강조한다. 축구선수에게 가장 위험한 것이 교만이다. 명성을 쌓는 데는 20년이 걸리지만 무너지는 데는 3분도 채 안 걸린다."

어느 분야에서든 정상에 선 사람들은 기적의 아침 1분 해피어 법칙을 안다.

아버지가 아들을 훌륭히 키웠기 때문에 강한 정신력과 마음가짐이 팀을 승리로 이끌었다. 항상 손흥민의 아버지는 "네가 이렇게 된 것은 너 혼자만의 힘이 아니라 대한민국 국민 덕분이다. 너를 응원해주는 분들 덕분이라고 항상 '감사함'을 잊지 말아야 한다."라고 강조한다.

아버지의 정신력을 아이가 닮은 것일까. 행복한 눈물, 행복한 1분 초심으로 마음을 다잡는 정신력, 국민과 선수와 모두 하나 되어 할 수 있다는 자신감이 팀을 좋은 에너지로 이끌었다.

선수들이 '중요한 것은 꺾이지 않는 마음'이라고 쓴 태극기를 들고, 마음에 이미 할 수 있다는 각오를 그렸다. 1분 해피어 법칙에 있는 '확언과 펜과 종이'라는 기적 공식을 적용했다. 미드필더 이재성은 "대한민국 사랑합니다. 다시 오지 않을 이 순간을 계속해서 즐겨봅시다. 응원해주셔서 감사합니다."라는 겸손한 마음으로 감사를 표했다.

예수도 이 해피어 법칙을 깨닫고 기적을 밥 먹듯 일으킨다. 처음에는 실감하기 어려울 수 있다. 계속 이 법칙을 적용해서 너무 쉽게 성공을 끌어당기는 사람은 매 순간 남들이 안 된다고 생각하는 것을 이룬다. 조직의 성공을 위해서 기적 같은 일들을 일으킨다. 이 법칙은 예수가 말한 "너희가 믿는 대로 너희에게 주어진다. (마태복음, 9:29) 이 변함없는 진리는 너희에게 주어지는 것이지 다른 데 가는 것이 아니다. 즉 간절히 이루어진다고 믿으면 걱정할 필요가 없이 너희에게 이루어진다."라는 것이다.

큰아들이 2003년 10월 4일 천사로 태어나서 2002년부터 보이지 않은 믿음 속에서부터 축구를 좋아했던지 어릴 때 공의 종류를 다 모았다. 축구와 피구 등 공과 관련된 운동을 굉장히 잘했다. 뭔가 가슴 뭉클한 기분의 감정이 이미 지로 각인이 되면 그것이 창조물로 태어난다는 것을 안다.

아들 덕분에 축구에 관심을 가진 필자는 2002년에 기적을 많이 봤다. 모든 국민이 '착각'이라고 할 정도로 믿기 어려운 기적이 일어났다. 즉, 축구에서 1분 해피어 이기는 습관을 조직에 부여하여 시각화한 것이다. 성공 경험을 부여하는 전술과 우리나라가 축구를 이미 잘하는 느낌을 주게 한 착각이 실제 현실을 만들어 기적을 가져왔다.

만약 기적이 일어나고 자신이 부자라는 착각의 감정을 진짜 믿으면 기적이 일어난다. 기분 좋은 감정과 감동을 진짜 많이 느끼면 머지않아 기적과 감동과 부를 가져다줄 것이다. 그래서 1분 해피어 법칙은 굉장히 중요하다. 만약 지금 마음에 넣은 생각이 부정적이라면 그 자리에서 바로 1분 동안 더 행복해지는 이미지와 사진을 심장 속에 갈아 끼워야 한다.

아침 1분 HAPPIER 습관이 진짜 미라클모닝이다

#02
1분만 바꾸면
뇌가 바뀐다

아들아!

너는 책을 네 벗으로 삼도록 하여라.

책장과 책꽂이를 너의 환희의 밭, 환희의 정원으로 삼아라.

책의 동산에서 체온을 만끽하고,

지식의 열매와 그 향기를 너 자신의 것으로 삼아라.

너의 영혼이 만족을 느끼지 못하거나

혹은 피로에 지쳐 있거든

> 뜰에서 뜰로, 밭에서 밭으로,
> 또는 이곳저곳의 정취를 즐기는 것이 좋으리라.
> 그리하면 새 희망이 솟아날 것이고,
> 네 영혼은 환희로 가득 차게 되리라.
> - 탈무드 가치 편 어느 랍비의 유서 -

그라나다 태생의 유대인 의사이자 철학자인 유다 이븐 티본1120~1190이 한 말이다.

"뇌의 가소성"

뇌 과학에서 새롭게 밝힌 뇌는 물리적으로 변화하는 성질이 있다. 1분 해피어 법칙을 통해 얼마든지 인생을 새롭게 경험할 수 있다. 《참을 수 없는 존재의 가벼움》이라는 대표작을 쓴 밀란 쿤데라 Milan Kundera는 "책을 읽는 사람은 인생을 여러 번 산다."라고 했다. 뇌가 여러 경험을 책을 통해 간접 경험하니 여러 생을 실제로 사는 것과 같은 느낌을 주어 실제 현실의 경험을 다채롭게 해준다. 책을 읽지 않는 사람은 뇌가 특별히 다른 삶을 경험할 기회가 없어 허무한 인생을 산다.

'나는 재미있게 살고 싶다'라고 속으로 외치는 100세 할머니의 충고를 꼭 기억하자. 지금 자신의 1분 해피어 법칙이 100세의 노년을 완전히 새롭게 경험하게 할 것이다.

"여보게 젊은이들, 내가 자네들에게 충고하나 할 것이 있네."
"내가 이 나이까지 살아보니 젊을 때 아등바등 살지 말게나."
"이 빠지고 다리가 아프면 아무것도 못 한다네."
"젊을 때 좋은 풍경 많이 보고, 좋은 음식 많이 먹어 두게나."
"머리가 되거든 공부도 많이 하게나. 특히 책을 자주 봐."
"내가 이 나이가 되도록 해 본 게 없으니 삶이 너무 허무해."
"돈이 있으면 뭐 하나, 내 돈은 지금 요양보호사가 다 쓴다네."

이 100세 할머니가 매일 1분 법칙을 일찍 알았더라면 삶이 어떻게 바뀌었을까. 책에서 새로운 도전적인 생각이 들어와 젊을 때 좋은 풍경을 보러 가는 도전을 하면서 살았더라면 덜 허무했을까? 새로운 모임에 들어가서 좋은 음식도 같이 먹을 수 있는 친구들을 만났다면 어땠을까? 데일 카네기 Dale Carnegie의 《인간관계론》을 읽었다면 100세에 허무한 삶이라고 후회하고 있을까?

뇌가 1분 해피어 법칙인 독서를 통해, 삶의 다채로운 자극을 받으면 새로운 인생을 살게 된다. 뇌의 신경세포가 새로운 경험을 만들어줘서 후회 없이 살았을 것이다. 돈을 가치 있는 곳에 썼을 것이다. 지금보다 조금 더 나은 삶을 미래까지 이어가고 싶다면 1분 해피어 법칙을 실천하자. **지금이라도 늦지 않았다. 늦었다고 생각할 때가 가장 빠른 법이다.**

과거에는 뇌는 한 번 형성되면 바뀌지 않는다는 이론이 지배적이었다. 하지만 요즘 뇌 과학자들이 밝힌 연구 결과, **뇌는 얼마든지 새롭게 재탄생이 가능**

하다. 뇌는 각 영역에서 분리되어 기능하는 것이 아니다. 뇌의 가소성可塑性은 뇌가 시각, 청각, 운동, 언어 영역처럼 분리된 것이 아니라 서로 영향을 줘서 협력한다는 것이다. 손실된 뇌세포도 재생할 수 있다. 100세 할머니가 요양보호사의 간호를 받으면서 정신은 멀쩡하지만 새로운 삶을 살지 못한 것에 대한 후회와 애환이 느껴진다.

우리 인간이 이 세상에서 만들어 놓은 것 중에 무엇보다도 값진 것이 뇌에 자극을 주는 책이란 발명품이다. **뇌에 지속적인 새로운 자극을 가하는 책 읽는 활동을 하면 뇌는 바뀐다.** 뇌 신경은 물렁물렁한 플라스틱처럼 되어있어 새롭게 변화한다. 그래서 뇌의 가소성이라고 부른다. 새로 생성된 뇌세포가 신경회로로 들어가 새로운 회로를 만든다. 아인슈타인의 뇌를 보면 뇌세포 연결을 뜻하는 시냅스synapse, 뉴런의 접합부가 아주 조밀하고 촘촘히 연결되어 인류의 미래를 바꾸기도 한다.

실제로 1분 해피어 습관을 실천한 사람들의 뇌의 시냅스는 새로운 연결이 활발하다. 때로는 천재적인 아이디어들이 기적을 일으킨다. 가난한 청소부인 미국의 자기 계발의 대가 토니 로빈스Tony Robbins는 고등학교 졸업에 8년 동안 빌딩을 청소하면서 뚱뚱한 몸을 비관하면서 우울하게 살았다. 그러던 어느 날 뇌의 시냅스가 완전히 바뀐 계기가 생겼다.

빌딩 청소를 할 때 건물 옥상에 헬기가 착륙하는 것을 보고, 생생하게 자가용 헬기를 타고 강연하는 엄청난 부자가 된 자신을 마음으로 봤다. 고등학교 때 책을 읽기로 시작한 후, 자기 계발 동기부여 강연가가 되는 이미지가 들어왔다. 뇌의 새로운 세포는 그가 400권 이상의 독서를 하게 했고, 그 책에서 NLP(신경 언어 프로그래밍)를 배워 사람들의 습관을 하루만으로도 바꿀 수 있는 것을 증명했다. 불 위를 걷는 놀라운 잠재의식의 변화 프로그램으로 미국에서는 대통령을 코칭하는 거인으로 알려졌다. 그에게 동기부여를 받아 행복한 부자가 된 사람들이 많다. 가난하고 뚱뚱한, 우울한 청년을 1분 해피어 법칙이 작동해 뇌세포 연결을 완전히 새롭게 하고 뇌의 가소성이 발휘되게 했다.

시각을 잃은 사람들의 뇌를 연구한 결과, 시각 자극에서 아무런 활동을 하지 않으리라고 생각되었던 시각영역이 청각 자극을 처리하는 활동을 지속하더라는 것이 밝혀졌다. 시각 장애인들이 일반인들보다 소리에 더 민감하게 반응할 수 있었던 것은 뇌의 가소성 덕분이다. 뇌에 물리적으로 자극을 가해주면 변화한다는 것을 기억하자.

1분 동안 매일 아침 해피어 법칙을 실천하라. 새로운 인생 트랙으로 책이 인도해 줄 것이다. 뇌에 새로운 자극을 주는 행위, 즉 독서를 통해 새로운 생각을 뇌에 심으면, 행복 뇌가 성장 세포를 작동시켜 얼마든지 뇌의 능력을 향상시킬 수 있다.

> 아침 1분 HAPPIER 습관이 진짜 미라클모닝이다

#03
1분은 기적을 일으키기에 충분한 시간이다

> "승자는 시간을 관리하며 살고, 패자는 시간에 끌려 산다." - J. 하비스

　성공한 사람들은 시간을 헛되게 사용하지 않는다. 시간이 돈이기 때문이다. 시간은 돈으로 환산할 수 없을 정도로 귀하다. 삶은 가장 소중하므로 행복한 사람들은 기적의 1분을 허투루 사용하지 않는다. 제일 바쁜 사람이 제일 많은 시간을 가진다. 바쁘면 다른 생각이 끼어들 틈이 없어 현재에 몰입하게 만든다. 해피어 법칙 기적의 1분을 새벽이나 이른 아침에 실천하면 지금, 이 순간에

집중하는 목표가 생긴다. 성공하는 뇌로 바뀌는 것이다.

　뇌에는 막대한 용량의 이미지가 있다. 이 중에서 자신에게 가장 중요한 것을 먼저 처리하는 RAS_{reticular activating system} 망상 활성화계는 오직 해피어 1분 법칙을 실천하는 사람들에게 행운과 기회를 가져다준다. 뇌에 떠돌아다니는 막대한 이미지 중에 자신에게 가장 중요한 우선순위를 먼저 하게 만드는 것이 새벽이나 이른 아침 기적의 1분이다. 이 1분의 시간은 절대 짧지 않다.

　1분 동안 고요하고 평온하게 눈을 감고 천천히 호흡하며 마음을 평화롭게 가라앉힐 수 있다. 명상을 해도 되고 기도도 할 수 있는 시간이다. 스트레스를 없애고 긴장을 완화할 수 있도록 잠시 멈추며 60초를 세면서 호흡을 할 수 있는 기적의 시간이다. 자신에게 아침에 도움이 되는 긍정의 말을 할 수 있는 시간도 1분이면 충분하다. 지금 중요한 우선순위의 목표가 무엇이고 어떻게 하면 그것을 이룰지 생각할 수 있는 시간도 1분이면 충분하다.

　자신이 지금 간절히 바라는 것을 이미 이룬 듯이 상상하는 시간도 1분이면 충분하다. 세세하게 자신의 꿈을 이룬 상태가 된 감각을 눈을 감고 생생하게 떠올려 본다. 어디에 있는지, 누구와 있는지, 꿈을 이룬 기분이 어떨지. 1분 동안 잠시 멈춰서 상상한다. 가족과 친구들이 웃고 있거나, 승리했을 때 두 손을 번쩍 들면서 몸짓을 취하는 모습을 떠올린다. 비전 보드에 붙여둔 꿈의 이미지를 보며 행복한 기분을 느낄 수도 있다.

　종이와 펜을 들고 지금, 이 순간 마음속 깊이 감사한 한 가지를 적어보는 시간도 1분이면 충분하다. 성공한 이야기, 목표를 달성한 순간, 가족들이 편안하게 사는 집에도 감사할 수 있겠다. 하루를 어떻게 살고 싶은지 간단하게 이상적인 하루를 시각화하는 글도 1분이면 충분히 쓸 수 있다. 책상에 있는 책 한 권을 펼치고 그날 읽은 메시지를 하루동안 살아가는 양식으로 사용하면 좋다. 이때 성경책이나 불경 등 영적인 메시지를 읽는 사람들도 많다.

1분 동안 제자리에서 콩콩 뛰면서 몸에 쌓인 에너지를 정렬해서 털어버리는 동작을 취해도 좋다. 1분이면 충분히 운동할 수 있는 시간이다.

하루 중 가장 달콤한 순간이 바로 새벽에 있다고 말한 윌콕스는 시간을 허투루 사용하지 않고 새벽에 자신의 꿈을 위한 가장 소중한 시간을 1분 먼저 사용한다.

엘라 휠러 윌콕스 Ella Wheeler Wilcox, 1850-1919는 《당신은 어느 쪽인가》 책에서 '당신은 어느 쪽인가?'를 매일 새벽에 물어보라 했다.

> 오늘날 세상에는 두 종류의 사람이 있다.
> 단지 이 두 종류 외에는 더 이상 없다.
>
> 죄인과 성자는 아니다.
> 잘 알다시피 선한 사람도 절반은 악하고,

악한 사람도 절반은 선하다.

부자와 가난한 사람도 아니다.
인간의 부를 평가하려면 양심과 정신 건강을
먼저 알아야 하기 때문이다.

겸손한 사람과 오만한 사람도 아니다.
짧은 인생에서 잘난 척하는 사람은
인간으로 쳐줄 수 없기 때문이다.

행복한 사람과 슬픈 사람도 아니다.
빠른 시간 속에 누구나 웃을 때가 있고,
눈물 흘릴 때가 있기 때문이다.

내가 말하는 이 세상의 두 종류의 사람이란
짐을 드는 사람과 짐을 지우는 사람이다.

당신이 어디를 가든 발견하게 되리라
세상 사람들이 늘 이 두 종류로 나뉜다는 걸
그리고 참으로 이상한 일은 세상에는 짐을 지우는 사람이
스무 명이면 짐을 드는 사람은 오직 한 사람뿐이라는 것

당신은 어느 쪽인가?

무거운 짐을 들고 길을 가는 이의 짐을 들어주는 사람인가?

아니면 남에게 기대어 자기 몫의 짐을 지우고 걱정 근심을 끼치는 사람인가?

1분은 이 질문에 대한 대답을 할 수 있는 시간이다. 지금 이 글을 읽는 여러분은 어떤 쪽인가.

- 《당신은 어느 쪽인가》 / 엘라 휠러 윌콕스 / 류시화 옮김 -

   기적의 1분 동안, 더 행복해지는 해피어 법칙을 실천하지 않는 사람들은 잠재의식에 중요하지 않은 것을 RAS에 입력한다. 무의식적으로 행동하여 남에게 짐을 지우는 사람이다. 짐을 덜어내는 선택을 하는 방향으로 바꿀 수 있는 시간은 1분이면 충분하다. 당신은 어느 쪽인가?

아침 1분 HAPPIER 습관이 진짜 미라클모닝이다

#04
아침 1분 습관이 인생을 바꾼다

해피어 습관은 모든 성공한 사람들의 공통된 습관이다. 여기에서 성공의 정의에 관해서 이야기하고자 한다. 성공은 건강하고, 활력이 가득하고, 삶의 만족도가 높으며 사회에 기여도도 높고 자신이 가진 가치를 많이 나누어주는, 짐을 덜어주는 습관으로 필자는 정의한다. **성공한 사람이 되는 것은 어렵지 않다. 아침 1분을 어떻게 시작하는가에 달려있다.**

이제는 아침에 '1분 더'를 외치며 이불에서 나오기 싫은 자신을 다시 인식하게 될 것이다. 이제는 '딱 1분이면 된다는데'라며, '한번 해 볼까'라며 일어날 것이다. 할 수 없다고 말하지 않는 자신을 발견하게 될 것이다.

　아침에 일어나는 방식이 중요하다. 푹 자고 일어나 아침 1분을 긍정적인 자기 암시로 시작하게 될 것이다. '싫어'에서 '좋아'로, '지겨워'에서 '그래 한 번 해보자!'로, '할 수 없어'에서 '할 수 있어!'로 말하는 자신을 발견하게 될 것이다.

　《아침 5시의 기적》의 저자인 제프 샌더스 Jeff Sanders는 팟캐스트 podcast를 진행하며 성공한 사람들을 인터뷰했다. 그들에게 공통으로 던진 질문은 **'하루 아침 1분을 어떻게 보내는가?'**이다. 그들은 모두 비슷한 답을 했다. 성공한 사람들은 아침 1분을 허투루 보내지 않고 모두 해피어 1분 법칙을 실천하고 있었다.

　즉 아침 1분을 상쾌하게 일어나서 물을 마시고 고요한 시간을 즐긴다. 아침에는 과일이나 간단한 스무디 smoothie, 과일, 주스, 요구르트 따위를 함께 갈아 만든 음료 정도로 가볍게 먹는다. 뇌에 자극을 주는 도움이 되는 정보를 닥치는 대로 읽는 것도 공통된 점이다. 자기 계발에 게으른 성공자는 없다. 인생을 생산적으로 보내는 사람들은 아침에 가볍게 운동하면서 오디오를 듣는다. 그들은 운동하기 때문에 신체적으로 건강하고, 오디오를 들으면서 독서처럼 뇌에 새로운 신경회로를 만들어 새로운 성공 경험을 한다.

필자가 만난 성공자들도 거의 비슷한 루틴을 가지고 있었다. 준오헤어 강윤선 대표는 활자에 중독되었다고 할 정도로 아침 1분을 정보를 읽는 것에 시간을 보내고, 몇 시에 잠을 자든 새벽 5시면 반드시 일어난다고 했다. 미래에 은퇴하고 무엇을 할지 이미 시각화를 마친 상태다. 이런 성공자들의 미래는 꿈이 있기에 아플 수가 없다. 꿈이 지금을 이끌어간다.

우리 아이를 키울 때 초등학교 여자 교장 선생님께도 은퇴가 올해이신데 학교를 떠나시면 뭘 하고 싶으시냐고 물어본 적이 있었다. 1분 안에 그녀는 대답했다. 그림을 그리는 것을 좋아해서 화실에서 그림을 그려 전시회를 하고 싶다고 답했다. 이내 그 계획을 실행하는 걸 보고, 이미 성공의 길을 걸은 사람들은 미래에 대한 계획이나 아침에 일어나서 남들과 차별화되는 해피어 1분 법칙을 모두 실천하고 있다는 것을 알게 되었다.

아침 1분 습관이 인생을 바꾸는 것은 확실하다. 간절한 계기가 되어 변화하는 때도 있지만, 이렇게 책을 읽고 조금씩 습관을 바꾸기 시작해 매일 실천해서 3,000일이 넘도록 지속하는 사람들이 많다. 그들은 매 순간 행복하고 감사하다고 한다.

아침 1분 해피어 습관을 실천하면 좋아하는 장소를 많이 가게 된다. 뭔가 공부하고 독서를 하려고 해도 집에서 집중이 안 될 때가 있다. 그러면 집 근처의 카페에 가거나 도서관에 가는 사람들도 있다. 아침 1분을 좋은 곳에서 보내도록 하는 것은 중요하다. 자신이 소중하다는 생각이 든다. 바로 기분을 알아채고 적당한 해결책을 찾는다. 그 자리에서 금방 결단하는 습관이 들기 때문이다.

의욕이 높아지는 장소를 아침 1분 해피어 습관 시간에 정할 수 있다. 이렇게 자신에게 물어보자.

"내가 어디에 가면 의욕이 더 생겨서 집중할 수 있을까?"

요즘은 새벽에 일찍 문을 여는 카페와 스터디 카페들이 많다. 집에서 집중이 안 될 때는 걸어나와 산책하고 뛰면서 운동을 한다. 집 근처에 조용한 곳을 찾아 잠을 깨고 색다른 분위기에서 아침 1분 해피어 습관을 실천한다. 중요한 목표를 세울 때는 고급 호텔 커피숍에 가서 기분 좋은 에너지를 목표에 담아 올 수 있다. 펜과 종이를 가지고 자신이 좋아하는 곳에 가서 글을 써보자. 분명 분위기 전환이 될 것이다. 집 근처에 대자연이 있거나 강이 있거나 산이 있는 경우라면 대단히 행운이다.

의욕이 높아지는 장소에 자신을 자주 데려가자. 그것이 아침 1분 해피어 습관을 더욱더 다채롭게 하여 성공하는 방법이다. **행복의 90%는 습관이다.** 자신이 더욱더 행복해지는 방법을 연구하는 사람은 자주 습관을 좋은 쪽으로 들이기 때문에 점점 더 행복해진다. 아리스토텔레스Aristoteles는 인생의 목적이 무엇이냐는 질문에 이렇게 대답했다.

"인생의 목적은 행복이다."

모두 행복한 존재로 이 세상에 태어나서 왜들 다 불행하다고 아우성칠까. 아주 거창한 행복을 떠올리기 때문이다. **긍정 심리학에서는 행복을 지금보다 약간만 올리면 긍정적인 감정이 생긴다고 한다.** 우리는 어쩌면 거창한 행복보다는 지금보다 약간만 더 행복해지는 습관을 잘 들이길 원한다.

긍정 심리학의 대가 마틴 셀리그먼 Martin Seligman, 1942.8.12일~ 박사는 행복의 공식을 이렇게 정의한다.

행복이란 생각과 의식, 일상적인 일이나 인생의 사건, 자발적인 활동인 아침에 1분 일찍 해피어 습관 실천하기다. 아침이 기적인 이유는 회사 출근 시간에 맞춰서 허둥지둥 준비하는 것이 아닌, 스스로 정한 시간에 일어나 여유 시간을 가지면서 자신을 스스로 통제할 수 있는 '자기 조절감'과 '제어감' 덕분이다.

인생에서 자신이 좋아하는 더 행복한 활동을 하면 직업도 결국 좋아하는 것으로 선택하게 된다. 좋아하는 일은 '왜'가 분명하기 때문에 사명감을 부여해 삶을 더 활기차게 만든다.

내 인생은 나 스스로 결정한다는 기적의 1분 해피어 습관은 행복도를 높인다. 낙숫물이 바위를 뚫듯이 서서히 행복이 일상생활에 젖어 큰 목표와 꿈을 이루게 한다. 그래서 기적의 1분 해피어 습관이라고 하는 것이다.

> 아침 1분 HAPPIER 습관이 진짜 미라클모닝이다

#05
매일 1분이 쌓여서 기적을 만든다

'수적천석 水滴穿石'

"작은 물방울이 계속 떨어지면 돌에 구멍을 만든다."

이 한자어의 뜻은 우리가 그릿Grit, 성공과 성취를 끌어내는 데 결정적 역할을 하는 투지 또는 용기이나 습관을 언급할 때 가장 많이 인용하는 구절이다. '낙숫물이 바위를 뚫는다!'라는 뜻의 이 사자성어는 어떤 일이든 끈기로 계속 밀고 나가면 반드시 성공한다는 의미이다.

이 말은 많은 사람이 공감할 것이다. 하지만, 습관이란 게 참으로 바꾸기 어렵다는 것도 알고 있다. 만약 40년 동안 원치 않는 습관을 들여 건강이 나쁘다고 치자. 그러면 식단을 바꾸든지 생활 습관을 바꾸든지 운동을 좀 더 해야 한다든지 조치해야 한다. 이미 많은 사람에게 "좀! 좀! 좀! 그만해."라는 말을 들었을 것이고, 어쩌면 의사에게 진단받아 경각심을 가졌을 수도 있다. 하지만 "죽는 한이 있어도 식습관을 고치지 않겠다." 혹은 "담배를 끊지 않겠다."라는 사람들도 있다.

자신의 생명이 위험할 정도로 위기 상황에서도 잘 안 끊어지는 것이 습관이다. 왜냐하면 '수적천석'이었기 때문이다. 작은 물방울이 몸과 마음에 좋지 않아도 계속 떨어지면 어딘가에 구멍을 낸다. 계속하는 힘이란 대단한 것이, 아무리 엄청난 힘을 가해서 바꿔보려고 해도 몸이 말을 안 듣는다. 조금씩 야금야금 스며드는 그 조용한 침묵의 보이지 않는 물방울 작용이 의지를 무력화시킨다.

그렇다면 습관은 쉽게 못 바꾸는 것일까. 쉽게 바꿀 수 있다. 1분 해피어 법칙만 기억하면 가능하다. 만약 40년 동안의 시간을 계산해서 분으로 계산하면 하루는 24시간, 그것을 분으로 환산하면 1,440분이다. 습관을 1,440분씩 1년 동안 반복했다면, 1,440분 곱하기 365일이면 525,600분이다. 525,600분을 40년 동안 반복하는 습관은 21,024,000분이 된다.

만약 여러분이 지금부터 1분 해피어 습관을 실천해서 아주 쉽게 자신이 좋아하는 긍정적이고 도움이 되는 활동에 쓴다면 해피어 법칙에 따라 행복이 계속 더해진다. 여러분은 40년 후의 미래에 말로 표현할 수 없을 정도의 놀라운 행복감을 맛볼 것이다. 지금에서 약간 더 행복해지는 습관이기에 그 1분이 계속 쌓이고 쌓여서, 세상에 크게 이바지하게 될 것이다. 나비효과가 반드시 일어난다.

자전거도 못 탔던 필자가 자전거로 철인 대회를 나갈 정도가 되었을 때는 아파트의 많은 사람이 자전거를 타고 다니는 나비효과가 생긴다. 아파트 로비에 1분 해피어 습관으로 자전거를 주차해 놓자, 많은 사람이 필자를 따라서 빈 곳에 자전거를 주차한다. 그걸 보면서 어떻게 이런 현상이 일어날까를 확인하며 경이롭게 생각한다. 수적천석의 원리 때문이다. 많은 사람을 건강하게 만들 힘이 이 글을 읽는 독자들에게도 있다.

모든 행동에는 특정한 양의 에너지가 투입된다. 일반적으로 사람들은 기본적으로 편리하고 편안한 감정을 느끼고 싶어한다. 만약 어떤 습관을 만드는 데에 에너지가 많이 든다면 안 하는 것보다 못하다는 표현이 더 적절한 것이다. 만약 스쿼트 Squat, 근력과 근육 발달을 목적으로 하는 근력 운동의 대표적인 운동 중 하나와 팔굽혀펴기 Push-up, 엎드려 팔굽혀펴기가 좋다고 한 번도 운동을 안 하고 움직이기 싫어하는 사람에게 매일 100개씩 하라고 충고해보자. 못한다.

실제로 유튜브나 텔레비전을 보면, 전문가들이 나와서 그렇게 말을 하니까 해야 한다고 세뇌되기 쉽다. 하지만 그 행동을 지속할 사람은 이미 의지가 강한 사람이거나 혹은 굉장한 동기부여가 있거나 생명력이 강해서 아프리카 오지에 던져 놔도 살아남을 사람일 정도로 훈련되었거나 독종일 가능성이 크다.

대부분 3일 이상을 하지 못한다. 하루에 한 개만 하라고 하면 할까 100개를 매일 하라고 하면 이는 운동이 습관화된 사람이 아닌 이상, 그렇게 접근하는 방식은 변화를 위한 도움이 안 된다. 새롭게 좋은 운동 습관을 형성하는 것이 거의 불가능하다고 생각하면 된다.

반면 일어나서 침대 옆 바닥에서 바로 혹은 화장실 가기 전에 한 번만 딱 해보자고 1분 해피어 습관을 들이면 어떨까? 이건 쉽다. 굉장히 쉽다. **그 대신 이 쉬운 것을 어떤 날이 있어도, 아픈 날이어도, 바쁜 날에도 늦잠 자는 날이어도 아침에 일어나는 의식으로 만들어버리면 어떤 일이 일어날까.** 40년 동안 21,024,000분의 시간 동안 세상에서 가장 강한 습관인 건강 습관을 수적천석의 원리에 의하여 들이게 된다. 이 해피어 습관 덕분에 다른 어떤 것들도 극복해낼 수 있는 용기와 힘과 자신감이 생긴다.

지금까지 어떤 습관을 실천해도 효과가 미미했던 독자들은 '수적천석'의 해피어 1분 습관을 들이는 편이 낫지 않을까. 매일 100개씩 하다가 작심삼일로 3번 300개 하고 평생 운동 안 하다가 병원에 돈을 내는 비용을 계산해 보자. 노년에 요양원에서 요양보호사의 간호를 받는 상황보다 지금 한 개의 푸시업 혹은 스쿼트를 1분 동안 하는 것이 낫지 않을까.

기분이 좋은 날에는 2분이나 3분씩 10개를 하는 자신을 발견하게 될 것이다. 그러나 이 원칙을 하나를 정해서 1분 해피어 습관 아침에 일어날 때 평생 의식으로 고정된 어떤 쉬운 행동을 정한다면 여러분의 삶을 필자가 겪은 대로 놀랍게 변화할 것이다. 그야말로 기적이라고 할 수밖에 없는 일이 계속 일어나 완전한 자유와 행복을 누릴 수 있을 것이다.

세계 최고의 부자와 평범한 사람의 차이점은 무엇인가.
꿈의 목적지 GPS의 여부이다.
우리는 모두 성공한 사람들이 이뤄놓은 결과물에 감격한다.
하지만 그들은 딱 하루만 살았다. 하루만 계획한다.
즉, 하루를 시작하는 아침에 이렇게 상상한다.
"오늘 내가 이상적인 하루를 보낸다면 나는 무엇을 하고 있을까?"

제3장

아침을 낭비하면
인생을 낭비하는 것이다

> 아침을 낭비하면 인생을 낭비하는 것이다

#01
하루를 결정하는 시간이 아침이다

> "인간은 아침 습관의 원리를 통해 자신의 성격을 기른다. 어떤 행동이라도 여러 번 반복해서 행하다 보면 습관이 된다. 그리고 일단 마음속에 습관이 형성되면 자연스럽게 행동으로 진행하는 힘이 생긴다." - 나폴레온 힐(Napoleon Hill)

아침 1분 해피어 습관이 없는 사람에게는 건강도 성공도 저 멀리 달아난다. 야근이나 술자리나 지속되는 스트레스는 인체에 해롭다. 먹는 것을 계속해서 소홀히 하거나 야식으로 불규칙한 생활을 한다면, 아침의 1분 해피어 습관을 실천하기는 어렵다. 일단 밤에 잠을 잘못 자게 될 가능성이 크다.

야식을 먹으면 소화되지 않은 음식을 처리하기 위해 소화기관에서 밤새 일하느라 몸의 다른 부분을 치유하지 못한다. 어쩌다 한 번 먹는 것은 습관을 형성하지 않는다. 지속되는 것이 문제다. 건전한 취미 생활도 도가 지나치면 문제가 된다. 잠자는 시간을 극도로 줄여가면서 업무나 공부를 하는 것은 일시적으로는 괜찮지만, 장기적으로는 자연 현상을 거스르게 되어 오래 못한다.

사람들에게는 여유가 필요하다. 여유라는 것은 단지 1분이라도 더 행복해지는 호흡을 하는 걸 의미한다. 업무를 하기 전 편안한 마음 상태를 가다듬는 정도의 가볍고 쉬운 행동을 말한다. 많은 시간이 필요한 게 아니다. 습관이 들면 어떤 일을 할 때 급하게 하거나 여유롭지 않아서 일을 그르치는 경우가 적어진다. 시간이 여유로우면 마음이 침착하기 때문에 일의 결정이나 판단을 정확히 할 수 있다. 주변 사람들에게도 마음이 평안한 사람으로 보인다. 그 평안한 에너지가 화를 아예 내지 않는 사람으로 변화시킨다.

하루의 여유를 만드는 시간은 아침 1분 해피어 습관이다. 이 시간을 자신에게 중요한 영양소도 섭취 안 하고 허둥지둥 밥 한 숟가락 떠먹고 출근한다면 건강이 어떻게 될까. 전날에 야근과 야식으로 위가 꽉 찬 상태에서 배설도 잘 안 된다. 그 상태에서 또 넣고 또 넣고 계속해서 뭔가가 쌓이면 막힌다. 만약 집안에 하수구나 어디가 고장 나서 막혀 있으면 반드시 뚫어야 한다. 마찬가지로 우리의 몸에 좋지 못한 것이 쌓인다는 것이 느껴진다면, 그것은 몸의 어느 부분이 지금 막혀 있으니 바꾸란 의미다.

사람들은 '왜 꼭 아침이냐?' 혹은 '왜 해피어 습관을 아침 1분만 실천하느냐'라고 물을 수도 있다. 아침, 점심, 저녁 시간의 기운을 한번 잘 느껴보라. 다른 것을 느낄 수 있다. 사람들은 무조건 잠을 자지 않고 생명을 유지하지 못하기에 밤에는 누구나 잔다. 잠을 잤기에 피로가 어느 정도 풀려 있을 가능성이 가장 크다. 점심이 되면 해가 중천에 떠 있으므로 밥 먹고 졸린다. 저녁이 되면 온종일 받은 업무로 몸과 마음이 피로해지기 마련이다. 졸리고 하품이 나오는 것은 잠을 자라는 자연의 신호이다.

의사들은 체온이 오후 2시에 최고점에 달한다고 한다. 반대로 오전 2시나 4시에는 최저점이 되어 이때는 잠자리에 들어있는 것이 숙면하기에 좋다고 한다. 체온이 내려가는 시간인 밤 11시에서 오전 1시에는 깊이 잠자리에 들어있는 것이 가장 좋다. 이때는 황금 시간이라고 해서 시르투인(sirtuin)이라는 치유 호르몬이 나온다. NK(nature killer) 세포가 몸의 곳곳에 도움이 안 되는 세포는 사라지게 만들고, 새로운 세포들을 재생시킨다. 면역력이 재생된다. 다시 체온이 오전 5시에 올라간다. 이때는 태양이 뜰 시간이니 일어나서 활동하라고 얕은 잠을 자게 하여 뒤숭숭한 꿈을 꾸게 만든다. 5시 이후에 잠을 더 자는 것은 피로 해소에 좋은 시간이 아닐 경우가 많다. 결국 뒤척거리다가 일어나게 되는 시간이다.

자연의 원리가 인간의 신체에 지수화풍地水火風을 그대로 창조했다. 이 자연 시간을 거슬러서 무리하여 본인도 아니다 싶은 뭔가를 오래 한다면 어떤 결과가 나올까. 습관의 원리에 따라서 반드시 대가가 주어진다. 현대 사회가 그렇게 만든다고는 하지만 자신의 건강과 행복이 먼저 뒷받침되어야 사회가 건강한 것이 아닌가.

해피어 1분 습관이 쉽게 존재하는데 언제까지 외부 탓만 할 것인가. 이 해피어 1분 습관에 성공해서 매일 지키는 사람들과 아침을 여유 없이 그냥 일어나서 씻고 출근하는 사람들의 모습은 천지 차이다. 만약 밤에 술을 먹고 아침에 술 냄새를 풍기면서 회사에 출근하면 누구나 알 수 있다. 큰 승진이나 좋은 기회가 와도 숙취 때문에 그 기회를 잡지 못한다. 이 책을 접하고 각성했으면 한다.

최근에 필자는 채소와 과일을 갈아서 먹는 로 푸드 Raw Food 스무디 만들기 습관을 형성했다. 우리는 대부분 아침에 필요한 영양소를 대부분 섭취하지 못하고 하루를 시작한다. 신선한 과일과 채소가 몸에 좋다는 것을 알고는 있다. 하루에 음식으로 섭취하는 과일 채소의 양이 지극히 적다고 전문가들은 말한다. 하지만 1분 동안 좋은 영양소의 생채소와 과일을 갈아서 먹으면 부족하기 쉬운 영양소를 보충할 수 있다.

거창하게 아침 식사를 준비하는 것은 현대인들에게는 무리다. 식자재를 손

질하고 준비하는 과정이 바쁜 일상에서 자기 계발 시간을 많이 빼앗는다. 새롭게 건강한 습관을 들이기 위해 1분 해피어 습관 중에 스무디 갈아서 마시는 것을 추가했다. 아침은 하루를 결정하는 시간이다. 속이 빈 상태로 회사에 출근하면 점심시간 전까지 배가 고파서 업무에 집중이 잘 안될 것이다. 낮에 과식하고 저녁에 보상을 주기 위해서 더 많이 먹는다면 아침을 다르게 먹어보자.

아침 먹는 시간을 절약하고 건강하게 소식하고 몸을 정기적으로 청소하기 위해선 과일과 채소가 더 많이 필요하다. 아침을 시작할 때 몸에 좋은 음식을 적극적으로 먹는 1분 해피어 습관을 들였다. 며칠 해보니 이 습관은 믹서를 가는 데에 1분이 걸린다. 재료는 씻어서 냉장고에 보관했다가 1분 만에 꺼내서 1분 갈면 된다. 아주 쉬운 습관이기에 1분 해피어 습관으로 넣었다.

아침은 하루의 엔진이고 에너지원이다. 아침을 싱싱하고 건강하게 시작하면 하루 전체의 업무 몰입도와 생기가 넘친다. 일단 이런 작고 쉬운 습관을 들이기 위해선 아주 간단하게 어디에서나 구할 수 있는 재료로 만든 요리책을 산다. 우연히 서점에서 《한잔이면 충분해! 로푸드 스무디》 책을 사서 갈아서 만든 과일과 채소 조리법을 봤다.

재료도 주변 마트나 유기농 제품을 파는 곳에 다 있었다. 너무 쉬워서 1분 만에 후딱 만들어 액체로 먹으니, 밥을 차리고 설거지하는 시간을 줄여서 습관화되었다. 이미 해피어 습관을 들이면 새로운 습관을 들이는 데는 한 달 이상이 안 걸린다. 자동화이기 때문이다. 좋은 습관은 몸에서 알아보니 바로바로 좋은 습관이다 싶으면 실천하는 편이다.

아침을 생활 습관병 예방에 도움이 되는 채소와 과일로 시작해야 하는 이유는 많다. 채소와 과일은 나트륨을 몸 밖으로 배출하는 칼륨이 많다. 콜레스테롤의 재흡수를 방해하는 식이섬유는 과일과 채소에 많다. 중성지방이나 콜레스테롤도 낮추고 독소와 노폐물을 배출하게 해준다. 현대인들에게는 대장의 디톡스detox가 꼭 필요하다. 아침에 시원하게 배출하여 내장지방이나 피하지방이 늘어나는 것을 막아야 건강하게 아침을 시작할 수 있다.

아침은 태양이 뜨는 시간이고 모든 생명이 창조되는 시간이다. 이 시간은 자연의 창조원리가 그대로 투영되는 시간이다. 땅에서 난 음식과 물을 수분으로 섭취하고 태양의 기운을 많이 받고 자란 과일과 채소를 먹어주면 좋다. 호흡은 공기가 몸 안에서 원활하게 되어 전체적으로 건강하게 푹 자고 잘 일어난다. 40대 이후에는 기존에 먹었던 음식들이 장이나 위에 많이 쌓여있으므로 디톡스를 자주 해주면 건강해진다. 중년 이후 건강한 몸을 가지고 노년에 팔팔하게 달리거나 활동할 수 있으려면 아침에 먹는 음식들을 20대와 30대 때와 다르게 할 필요가 있다.

아침 1분만 해피어 습관을 들이자. 지금보다 더 행복하게 깊이 자고 아침에 일어나서 여유를 가질 수 있기 위해서 현재 바꾸고 싶은 습관 중에서 어떤 것이 문제인지 1분 동안 적어보자. 신선한 과일과 채소를 갈아서 몸에 부족하기 쉬운 영양소를 채우는 습관도 좋다. 아침에 상쾌하게 일어나게 해주는 습관이 된다. 아침 1분 해피어 습관을 적극적으로 실천하여 소중한 시간을 낭비하지 말도록 한다.

> 아침을 낭비하면 인생을 낭비하는 것이다

#02
아침 계획이 없으면, 하루를 버리게 된다

"GPS(Goal Positively Setsuccess) - 성공한 하루를 그려 아침 계획을 긍정적으로 입력하라."

GPS(Global Positioning System)는 지구의 위치 파악 시스템이다. GPS는 위성을 통해 자신의 현재 위치를 파악할 수 있게 해준다. 아침 계획이 이 GPS다. 필자는 GPS(Goal Positively Setsuccess)를 꿈의 위치 파악 시스템으로 정의하고자 한다. 자신의 현재 위치를 파악한 후 진짜 꿈이나 목표를 긍정적으로 세워 성공에 다가가는 해피어 1분 법칙이라고 정의한다.

"셋석세스Setsuccess!"

'셋석세스', 우리나라 발음으로 3개를 의미하는 셋, 창조의 숫자를 떠올리면 성공이 쉽다. 하루 1분 아침 해피어 습관으로 하루에 반드시 달성해야 할 목표를 정한다. 그리고 그것을 매일 달성해본다. 그런 간단한 목표가 큰 성공을 만든다. 하루에 해야 할 목표to do list가 많으면 지키기 어려워진다. 습관의 제1 법칙을 기억하라. '실천하기 쉽고', 또 '해볼 만한', 현재의 능력의 60% 정도 되는 목표가 좋다. 도전해볼 만한 난이도가 약간 있어야 한다. 3개면 해볼 만하고 하기 쉽다. 하루에 딱 3개니까 1분 안에 답을 할 수 있다. 이걸 정하지 않으면 하루가 허무해진다. 해놓은 게 없기 때문이다.

아침에 어딘가를 다들 간다. 그런데 자신이 가는 곳이 진정으로 꿈이나 목표에 다가가게 하는 곳인지, 먼저 위치를 파악한다. 만약 그 위치가 간절한 꿈이라면 더 빠르게 움직이자. 필자는 GPS의 위치를 꿈으로 고정하고 꿈의 지도를 만드는 데 온 에너지를 사용하자고 외친다. GPS가 새롭게 정의되었다.

아침에 일어나서 하는 행동들은 자신 인생의 사명이자 꿈인 목표를 향해 가는 것인가? 아니면 이렇게 가다간 꿈은커녕 잘못된 번지수에서 너무 먼 길을 돌아서 시간만 허비할 것 같은가. 정확히 자신과 1분 해피어 습관에 대해 질문해야 한다.

아침 계획이란 비행기 기장이 안전한 비행을 위해 보는 점검표와도 같은 것이다. 많은 승객을 태운 비행기 기장이 안전을 위해 철저히 지켜야 하는 시스템을 점검하지 않고 비행기를 띄운다면 어떤 일이 벌어질지 알겠는가. 만약 어떤 기계가 작동하는데 한 가지가 빠지면 전체 기계가 작동되지 않듯, 우리의 하루도 중요한 한 가지가 빠지면 종일 영향을 미치게 된다. 아침 1분 습관을 반드시 하루에 3가지만 지킨다. 자신의 인생이라는 비행기를 정확히 목적지에 도착시키기 위해 안전하게 비행할 수 있는 점검표, 계획이 필요하다.

목적지를 정하지 않고 비행기가 하늘에 뜨는 예는 없다. 목적지에 도착하려면 반드시 GPS 신호에 따라 목적지를 정확히 찍고 출발한다. 비행 중 확인해야 하는 것들에 대해 빠진 것이 없는지 정확히 점검표를 만드는 게 중요하다. 그러면 가는 길에 이상기류와 변수가 생기더라도 안전하게 착륙할 수 있다. 철저히 훈련받은 기술에 의해서 자유자재로 비행기와 하나가 되어 목적지에 도착한다.

우리의 꿈도 마찬가지다. 꿈은 큰 목표다. 이 목표가 정확히 GPS에 잡힌 곳으로 가기 위해선 무조건 긍정적인 단어로 도착한다고 확신해야 한다. 그리고 도착 중간에 여러 변수가 생기더라도 평소에 1분 해피어 습관을 통해 2,200분 이상의 훈련을 통해 큰 성공이라는 목표에 도달하게 된다.

한국에서 미국 샌프란시스코로 가는 시간은 직항일 때 10시간 이상 걸린다.

꿈도 목표도 성공도 반드시 시간이란 변수가 존재한다. 만약 가다가 방향을 틀어 회항하거나 불시착을 할 수도 있다. 하지만 **끝까지 목적지까지 가고 싶다면 평소에 훈련을 철저히 해야 한다.** 그래야 자신이 목적지에 도착해서 다른 사람들을 안전하게 데려다준 꿈의 비행 기술을 후대에 전해줄 수 있다. 이렇게 되면 여러분의 하루는 후대에 유산을 남겨줄 큰 가치가 되는 것이다. 일하는데 '왜why'가 성립될 때 사람들은 아침에 가슴 설레며 일어난다.

> "우리는 정의로운 행동을 함으로써 정의로운 사회를 구현하고, 행동을 절제함으로써 절제력이 생기고, 용감한 행동을 함으로써 용기가 점점 더 많이 생겨 용감해진다." -아리스토텔레스Aristoteles

아침에 이상적인 하루를 위해 계획을 세우지 않는다면 계획이 없는 백지상태의 하루는 타인에 의해서 좌우지되는 주체적이지 않은 날이 된다. 하루를 끝낼 때 오늘 하루 "정말 멋졌어. 너무나 대견해. 목표를 해내다니." 하면서 스스로 칭찬과 감격을 전해줄 어떠한 경험도 만들어내지 못한다. 삶에 만족할 수가 없다. 그날이 그날인 무미건조한 삶을 살다가 이 세상을 떠날 것이다. 여러분이 책을 읽는 이유도 세상에 기여하고 싶은 가치가 있기 때문이지 않은가.

목표를 세우는 행동은 배나 비행기가 목적지가 없으면 결과가 어떻게 될 것인지를 확인하기 위함이다. 자신의 현재 위치 GPS도 파악하지 못하고 목적지도 모르기 때문에 아무렇게나 아무 데나 표류하는 삶을 살아가고 싶은가. 아까운 시간을 모두 버리고 싶은가. 시간은 돈이다. 아침 계획이 없으면 하루를 버리게 된다. 만약 어떤 부자가 1분을 단위로 생활해 1분에 수억을 번다면 그의 하루의 시간의 가치는 1,440억이 넘는다.

세계 최고의 부자와 평범한 사람의 차이점은 무엇인가. 꿈의 목적지 GPS의 여부이다. 우리는 모두 성공한 사람들이 이뤄놓은 결과물에 감격한다. 하지만 그들은 딱 하루만 살았다. 하루만 계획한다. 즉, 하루를 시작하는 아침에 이렇게 상상한다.

"오늘 내가 이상적인 하루를 보낸다면 나는 무엇을 하고 있을까?"

자신에게 질문한다. 그러면 답이 몇 개가 나온다. 3가지 내외를 점검표로 잡는다. 만약 그중에서 반드시 점검해야 할 점검표라면 가장 중요한 한 가지를 정한다. **너무 많은 게 버겁다면 딱 한 가지만 성공시키자.** 그러면 아침 1분 해피어 습관이 더없이 풍성해진다. 하나의 성공이 다음 성공 목표로 이어지고 더 큰 꿈을 꾸게 되는 정도의 자신감과 경험과 기술이 쌓인다. 결국 진짜 기적이 일어난다.

실제로 필자가 존경하는 루이스 헤이 Louise L. Hay 는 미국에서 존경받는《치유》의 저자인데, 그녀도 자신은 오직 하루만 산다고 했다. 오직 하루를 계획하고 하루하루 최선을 다해서 산 것이 그녀를 세계적인 여성으로 만들었다. 그녀가 이룬 사업은 전 세계 수많은 생명을 구했다. 캘리 최 Kelly Choi 회장도 아침마다 일어나서 이상적인 하루를 계획하고 그대로 실천한다고 한다.

목표는 거창한 것이 아니다. 비행기가 이륙하여 정확한 목적지에 도착하기 위해서는 수많은 기술이 필요한 것이 아니다. 비행기 한 대를 움직일 수 있는 단 하나의 목적, 안전한 비행이라는 목표가 필요하다. 그 계획이 여러 사람과 기계와 기술, 관련된 산업들을 움직이는 것이다. 우리의 살아가는 목적도 바로 '하루를 행복하게 사는 것'이 아닐까. 그러면 아침 1분은 반드시 행복하고 이상적인 하루를 계획하고 목적지를 입력해야 한다. 그렇지 않으면, 하루를 버리게 될 것이다. 그 하루가 모여 평생이 된다.

> 아침을 낭비하면 인생을 낭비하는 것이다

#03
아침 기운이
가장 좋은 에너지다

"해가 솟아오를 때의 기운은 성공의 에너지를 준다."
- 미즈노 남보쿠 Mizno Namboku

아침은 운이 가장 좋아질 때다. 세상은 '지수화풍'으로 만들어졌다. 이 자연의 기운 중에 가장 강한 기운이 아침에 떠오르는 '태양의 에너지'다. 태양은 만물을 소생시키고 키우고 자라게 하고 성장하고 성공하게 한다. 태양이 뜨면 많은 사람이 가슴에 손을 대고 합장하면서 소원을 빈다. 근원적으로 그 기운이 건강한 에너지를 주기 때문이다.

　태양이 하루라도 없으면 세상의 모든 생명이 위태롭게 된다. 그만큼 아침의 태양은 세상에서 가장 가치 있는 자연이다. 우리가 사용하는 에너지원인 불이 태양의 기운이기 때문에 아침에 태양을 보고 일어나는 것은 태양을 소중히 여기는 행위다. 세상에서 가장 소중한 태양인 불의 에너지를 아끼게 되어 성공할 수 있다.

　만물은 소중하다. 특히 아침의 태양의 기운을 소중히 여기는 사람은 밝게 웃고 복을 받는다. 사람들은 좋은 운을 가지고 태어난 사람들이 부자가 된다고 믿지만, 그들은 태양을 소중히 여긴 사람이다. 즉 아침에 일찍 일어나 남들보다 더 많이 움직여 일하고 좋은 영향력을 세상에 제공하기 때문에 그 가치를 돈이라는 숫자로 받는 것일 뿐이다. 그들은 스스로 쌓은 덕으로 인해서 그 대가로 복을, 큰 재운을 얻는 것이다.

　아침에 일어나서 1분 해피어 습관을 실천하지 않으면 가장 좋은 아침의 기운을 받을 수 없다. 아무 생각 없이 일어나 괴로운 생각으로 하루를 시작하면 전체의 운명이 어떻게 변화하겠는가. 생명의 기운을 받고 맑은 정신으로 아침을 즐겁게 시작하면 운명이 바뀐다. 호흡을 할 수 있고, 일어나서 움직일 수 있는 축복에 관해서 감사하지 않는다면 자연이 어떻게 좋은 것을 주겠는가. 덕이 사라진다. 불평까지 한다면 쌓은 덕을 더 잃게 된다.

매일 대하는 지수화풍을 소중히 다루면 자신의 운명이 바뀐다. 스스로 아침을 어떻게 대하는지 잘 보고 자신의 재정 상태나 주변의 사람들, 관계 등 모든 면에서 덕이 넘치는지 아닌지를 살펴보고, 만약 지금 괴롭다면 먼저 아침에 1분 일찍 일어나는 것으로 삶의 자세를 바꿔야 한다.

만약 지금 다니는 직장이 싫은가? 만나는 사람들과 의견 충돌이 많은가? 건강에 대해서 걱정하는가? 자, 이제는 아침 1분 해피어 습관을 실천해야 할 때이다. 새 직장을 구하게 해주고, 사람들과의 관계를 덕을 쌓는 관계로 바뀌게 해준다. 날마다 체력이 좋아져 많은 사람에게 더 이바지할 수 있다. 강인한 정신력까지 갖춘 건강한 자신을 만드는 것도 아침 1분 해피어 습관이다.

필자도 예전에는 주말이면 아침 11시에 일어나 좋은 해의 기운을 받지 못했고, 불규칙한 생활과 밤늦게 야식을 먹고, 쓸데없이 잠을 안 잔 것이 건강상의 문제가 생겨 1분 해피어 습관을 실천해 봤다. 7년간의 실험 결과 아침 일찍 일어나서 해의 기운을 받는 것이 건강과 체력, 성공의 운, 주변 사람들과의 관계, 경제적 풍요, 부, 등 모든 것을 다 좋게 바꾼다. 혼자만 실천한 것이 아니라 카페를 만들어 10만 명의 사람과 아침마다 함께 실천했다. 그 결과 그들은 어떻게 바뀌었을까. 놀랍도록 건강해지고 성공하고 부자가 되고, 놀라운 변화를 이뤄낸다. 강력하게 증명할 수 있는 사례들을 일일이 지면에 적기가 부족할 정도이다.

손가락 하나 까닥하기 힘들 정도로 우울증이 있었던 필자는 이 1분 해피어 아침 습관으로 3년 만에 42.195km 마라톤 10회 완주, 철인 3종 가장 힘든 코스 완주, 100km 울트라 마라톤 완주, 21시간 불수도사북(불암산, 수락산, 도봉산, 사패산, 북한산 정상 등반) 하루 안에 완주, 하프와 30km 달리기는 산책하듯이 달리는 체력으로 바뀌었다. 만약 이 해피어 습관을 실천 안 했더라면 이런 아름다운 도전을 하지 않고 시간을 허송세월 보냈을 것이다.

40년을 길게 내다볼 때 매일 1분씩 습관을 지속한 것이, 이제는 헬스클럽의 문고리만 잡고 운동은 하지 않았던 사람을 기적적으로 바꿨다. 1년에 240회 근육 피티PT 1시간을 받게 하고, 새해가 되기 2달 전에 이미 운동을 등록해서 1년 치 금액을 다 내버리는 의지의 한국 여성으로 바뀌었다. 필자도 처음에는 이렇게까지 강해질지 몰랐다. 그런데 이 쉬운 아침 해피어 습관을 하다 보니 기적이 일어났다.

내 안에 힘과 용기가 생겨 무엇이든 도전하고 모험하게 만들어 불가능을 가능하게 만들었다. 이 습관을 실천하는 동안 책을 20권 이상 쓰고 번역하고 제작도 했다. 유튜브도 그냥 했다. 1분 호흡명상을 매일 올려서 2,000개가 넘는 자연 콘텐츠를 만들었다. 매일 한국 미라클모닝 카페의 회원들에게 새벽이나 아침 일찍 답글도 달아주면서 긍정적인 에너지를 불어 넣는다. 대한민국의 새벽과 아침의 기적을 일깨우는 기적의 주인공이 될지, 시작할 때는 몰랐다.

아침은 변함없이 진리다. 이걸 반박하여 저녁형 인간을 쓴 작가는 야행성으로 병이 생겨 새벽형 인간으로 바꾼 다음, 놀라운 기적이 일어났다. 체력이 젊은 사람보다 더 강해진 것이다. 밤샘 작업에 병을 달고 살았던 책의 편집자인 저자가 기적을 일으켰다. 《마녀 체력》의 저자 이영미 씨는 저녁을 청산하고 아침 4시에 일어나서 철인 경기 연습하는 강인한 체력의 여인이 되었다. 평범한 사람들이 할 수 있다면 여러분도 다 아침을 크리스마스 때처럼 설레며 일어날 수 있다.

아침을 낭비하면 인생을 낭비하는 것이다

#04
아침 기상은
자연의 순리다

아침에 일어나서 해피어 1분 습관을 실천하면 저절로 자연의 순리대로 생활해서 건강해진다. 건강하면 뭔가를 계속 도전하고자 하는 의욕이 생기기 때문에 성공할 확률이 높다. 모든 것의 시작이 아침이다. 새 학기도 아침에 시작되고, 새 직장에서 새로 출발하는 날도 아침이다. 소풍이 시작되는 시간도 아침이다. 신나서 일어났던 아침을 기억하는가. 그때는 자연의 순리대로 기분이 좋다.

이런 감동을 자아내는 아침을 매일 만들 수 있는 것이 해피어 1분 습관이다. 기분이 좋으면 아침에 일어나고 싶어서 기다려질 것이다. 자연의 순리대로 사는 사람은 행복한 삶을 살게 될 것이다. 어린 시절 크리스마스 때는 누구나 설레고 기다려진다. 선물을 받기 때문이다. 물질적인 선물도 좋지만, 우리는 아침이라는 새롭고 완전한 자연의 시간을 매일 선물 받는다. 매일 새롭게 누구나 동등하게 받는다.

아침 1분 해피어 습관은 아침에 일어날 때 생생하게 기분이 좋았던 여러분의 행복을 찾아주기 위함이다. 아침의 자연 기억을 되찾아주면 여러분은 아침에 안 일어나고는 못 버틸 것이다. 자연적으로 자동으로 일어나게 만드는 습관이 해피어 1분 습관이다. 일어나야 하기에 억지로 일어나는 것이 아닌, 목표를 가지고 행복하게 일어나는 사람이 된다. 왜 일어나는지의 이유가 확실하므로 일어나서 오직 자신을 위해 행복한 시간을 선물하게 된다. 자연이 조건 없이 베푸는 시간 아닌가.

미국의 전설적인 강연가인 《드림리스》의 짐 론Jim Rohn은 많은 이들에게 성공철학을 알려주었다. 자연의 순리인 아침에 일어나서 자신을 성장시키는 것이 얼마나 중요한지 강연을 통해 전달했다. 그는 아침 자기 계발의 중요성에 대해 말했다.

"자기 계발의 정도가 성공의 정도다"

성공하려면 아침에 투지로 일어나서 자신을 더 발전시키고 성장시켜야 한다고 했다. 인생은 자연 현상이다. 자연은 봄, 여름, 가을, 겨울이 다 존재한다. 봄에는 생명이 움튼다. 여름에는 뜨거운 햇볕이 생명을 자라게 하고, 가을에는 수확해서 겨울에는 그 수확으로 살아간다. 봄은 생명이 나오는 시기다. 아침은 봄의 씨앗을 심고 새싹이 나오는 시간이다. 이 시간에 늦잠을 자면 싹을 잘라 버린 채로 시작하게 된다. 여름에 열매가 익고 가을에 수확하기는커녕 아무것도 자라지 못한다.

아침은 깨끗한 땅에서 생명이 새롭게 태어나는 시간이다. 그런 시간에 자신을 성장시키는 자양분인 배움은 인생 전체로 봤을 때 가장 근본적이고 중요한 것이다. 이 시간에 자신을 키우기 위해 1분 해피어 습관을 실천하는 것은 봄에 씨앗을 뿌리고 여름의 강한 태양이 생명을 무르익게 하듯 자연의 순리대로 열매가 자라게 한다. 해피어 1분 습관으로 자연의 비료를 준다는 것은 더 좋은 성공의 열매를 가을에 수확해, 겨울처럼 추운 날을 위해 준비하는 것과 같다.

인생은 기회로 인해 나아지는 것이 아니라 아침에 일어나서 기회를 알아차리고 준비하는 것으로 나아진다. 세상 만물은 변화한다. 자연의 이치다. 아침은 그 변화를 준비하게 만든다. 자연은 단 한 순간도 똑같았던 적이 없었으므로 매 순간 새로운 자연이 새로운 사람으로 만들어 줄 것이다. 자연의 순리대로 아침은 모든 것이 변화한다는 것을 인지하게 해준다. 알아차리면 삶이 더 나아진다.

모두 다 변한다. 변화에 민감하게 반응하기 위해선 자연의 순리인 아침에 일어나야 한다. 아침에 일어나서 해피어 습관을 실천하는 것이 처음에는 불편할 수 있다. 하지만 계속해서 시도하고 습관으로 만들다 보면 어느 순간 몸에 배어 자동적인 습관이 될 것이다.

시간은 소중하다. 인생에서 찾아오는 수많은 황금의 기회들을 놓칠 것인가. 아니면 이 시간에 자신을 들여다보고 좀 더 나은 존재가 되기 위해서 배우고 변화할 것인가. 일본 교세라의 명예회장인 이나모리 가즈오稲盛和夫, Inamori Kazuo는 하루하루를 진지하게 살아가라고 말했다. 매일 열심히 살아간다는 신념을 인생의 지표로 삼았고, 교세라를 성공시키기 위해 매일 아침에 일어나 해피어 1분 독서 시간에 《논어》를 읽었다.

공자의 가르침을 인생의 지표로 정하고 자연이 변화하는 가운데 배움을 지속한 이나모리 회장은 배우려고 애쓰지 않으면 깨우쳐주지 않겠다고 직원들에게 선포했다. 아침에 일찍 일어나서 공부하고 표현하고 싶어 하지 않으면 안 가르쳐 주겠다, 한 가지를 설명할 때 세 가지를 들어 답하지 않으면 두 번 다시 가르침을 주지 않겠다는 『논어』의 '술이편'을 통해 아침 해피어 습관의 엄격함으로 아랫사람을 교육해 힘겨운 일을 끝까지 완수해내게 했다. 자연은 성장을 원한다. 기업도 성장하기 위해선 변화에 민감하게 적응해 아침에 공부해야 한다.

자연의 주인공이 되어 스스로 운명을 움직이는 사람이 될 것인가, 운명에 조종당하는 사람이 될 것인가. 짐 론Jim Rohn은 "만약 당신이 하루를 운영하지 않으면, 하루가 당신을 운영하게 될 것이다"라고 했다. 스스로 자기 인생의 방향키를 가지고 배를 운전해 가지 않으면 타인이 자신의 인생을 조종하게 될 것이라 했다. 아침에 1분이라도 일찍 일어나서 자연의 주기에 따라 스스로 공부하여 배우지 않으면 자신의 인생을 타인에게 맡기게 된다.

> 아침을 낭비하면 인생을 낭비하는 것이다

#05
인류의 DNA가 말해준다

> "우리가 반복해서 하는 행동이 곧 우리다. 그렇게 보면 탁월함이란 행동이 아니라 아침에 일어나는 습관에서 온다." – 아리스토텔레스Aristoteles

인류는 습관이라는 반복적인 행동으로 존속되었다. 만약 불의 발명으로 음식을 데워먹을 수 없었다면 많은 사람이 식중독에 걸려서 죽었을 것이다. 물고기를 잡아서 불에 구워서 먹고, 추위를 피할 수 있도록 밤에는 구들장이라는 현대의 보일러를 개발하지 않았다면 추위에 떨어서 죽었을 것이다.

아침에 해가 뜰 때 나가서 밭을 돌보지 않으면 신선한 채소를 먹지 못해 영양을 공급받지 못하고 영양실조에 걸려서 죽었을 것이다. 자연에 존재하는 것들을 잡아서 식량으로 사용하는 반복된 습관이 인간을 존속하게 했다. 공룡은 어느 순간 자연 자원을 발전시키는 습관을 진화시키지 못해 멸종되었다. 참으로 인간은 신기한 동물이다. 생각할 수 있는 이성의 뇌가 인간의 DNA에 습관적으로 사고(思考)하게 심겨 있다. 이 좋은 습관의 DNA를 잘 활용해서 다음 세대에게 기분이 좋고, 행복한 습관을 후대에 전수해 줄 필요가 있다.

인류의 DNA는 인간의 유전자를 후대에 전해주느냐 못 전해주느냐, 성공과 실패의 갈림길에서 자제력을 발휘했다. 만약 무작정 생각하고 이성이 주어졌다고 해서 휴식을 안 취한다면 어떻게 될까. 잠을 안 자는 습관을 들인다고 해도 평생 밤새우지 못한다. 잠을 푹 자고 아침에 개운하게 일어나서 활동해야 살 수 있다. 해가 뜨면 해와 함께 일어나 성공하는 기운을 받아들여 인류를 존속시켰다.

세상을 이끌어가는 성공하는 기업가들은 해가 뜨기 전부터 활동한다. 제너럴 모토스 CEO 다니엘 애커슨(Daniel Akerson)과 월트 디즈니 회장인 로버트 앨런 아이거(Robert Allen Iger), 하워드 슐츠(Howard Schultz) 스타벅스 회장은 모두 새벽 4시 30분에 일어난다. 티모시 도널드 쿡(Timothy D. Cook), 애플 CEO도 새벽 4시 30분에 일어난다. 성공한 사람들은 세계를 이끌어가는 성공 DNA를 이미 깨달았기 때문에 해가 뜨기 전에 일어나서 성공 행복 1분 습관을 자동으로 유전자에 심었다. 이렇게 하지 않으면 해를 보지 않고 얻은 모든 재물과 성공이 언젠가는 바람처럼 사라진다는 것을 알기에 매일 습관적으로 실천한다.

우리나라의 스노우 폭스 김승호 회장도 세상은 6시를 두 번 매일 만나는 사람이 지배한다고 했다. 이미 습관의 법칙을 깨달은 사람들은 절대 이 습관을 놓치지 않는다. 해가 오를 때 사람들은 하루의 장엄한 기운을 받고, 또 해가 지는 6시 전후의 시간대에 또 다른 지는 해의 장엄한 기운을 받는다. 해 자체가 인류의 DNA이다. 해가 활동하는 시간과 지는 시간에 활동하고 잠을 자는 것은 건강한 유전자를 만드는 기본 원칙이다. 해는 무수히 영원히 반복하는 습관으로 인간을 영원히 살게 하는 힘을 가졌다. 죽은 다음에도 해가 인간을 지수화풍으로 만들어 자연에서 돌본다.

인류 역사가 시작된 이래로 자수성가하는 인물들의 DNA에서 습관의 중요성을 알았다. 자신이 반드시 성공할 것이라고 암시를 한 사람들은, 늦잠을 통해서는 크게 성공할 수 없다는 것을 안다. 부모를 잘 둔 덕에 물려받은 큰 부는 만약 아침에 게으르게 늦잠을 자면 사라진다는 것을 유전자적으로 알았다. 성공한 사람들의 뇌와 DNA는 밤과 낮이 바뀌고, 늦잠을 자거나 게으르면 자신 재산을 지킬 수 없다는 원칙을 철저히 심어 놨다.

해는 영원 무구하게 뜨고 진다. 하루를 지배할 때 해라는 자연의 DNA가 이 땅의 모든 만물을 번성케 하고 일으켜 세우게 했다. 만약 이 자연의 흐름과 함께 활동하지 못하면 하루하루를 살아갈 수는 있겠지만, 해처럼 인류 전체를 밝힐 수 있는 큰 성공은 할 수 없다고 어느 분야에서든 최고로 성공한 사람들은 말한다. 아침 해가 떠오를 때 그 해와 함께 움직이고 운동하고, 운전해서 일터로 가거나 기지개를 켜고 활기차게 1분 해피어 습관을 실천하는 사람의 DNA와 그 습관과 반대로 하는 사람들의 건강과 성공은 다를 수밖에 없다.

우리의 직업이 무엇이고 어떤 사람이든, 어떤 생각을 하든, 인간은 습관의 지배를 받는다. 밤에는 해가 지니 잠을 자고, 아침은 해가 뜨니 일어나서 성공의 기운을 받으라고 DNA가 심겨 있다. 모두 습관의 지배를 받아 다른 사람들의 암시와 환경과 주변 사람들의 영향력에서 행동을 통제당한다. 이렇게 조심스럽게 심어둔 생각이 인간을 움직이는 원동력이다. 번영과 부유함에 대해서 생각하게 되면 번영하고, "부유하게 된다!"라고 말하는 습관을 들이면 인류에게는 더 많은 기회와 예상치 못한 수확이 일상에서 지속된다.

만약 실패를 생각하고 가난을 조상 탓으로 돌리고, 조상이 가난하다고 현재 자신도 빈곤하게 산다고 이유를 대고 불평한다면 그것도 습관의 법칙에 따라 빈곤의 결과를 가져오고 빈곤의 습관을 지속하게 한다. **행복한 습관을 딱 1분만 아침에 투자해서 부정적인 생각의 습관 고리를 끊어내야 한다.** 인류가 수억 년 전에 심어놓은 진리는 해가 뜨면 일어나고 해가 지면 자는 것이다. 이것은 습관으로 지속되어 왔다. 그러면 자신이 현재의 위치에서 뭔가 불행하거나 불평하거나 기분이 좋지 않다면 기존의 습관을 끊어내야 한다.

나폴레옹 힐 Napoleon Hill 은 성공학의 대가이다. 그는 일리노이주에 크게 성공한 한 은행가의 사무실에 다음과 같은 액자가 걸려 있는 것을 보고 아침 1분 해피어 습관의 중요성을 다시 한 번 강조했다.

"여기에 들어오는 모든 사람은 오로지 풍요에 대해서만 말하고 생각합니다. 만약 당신이 이곳에 들어올 때 행복한 생각을 하지 않고 조금의 걱정이나 근심이 있다면, 그 생각은 당신만 품고 있으십시오. 절대 말로 발설하지 마십시오. 왜냐하면 우리가 원하는 것은 그것이 아니기 때문입니다. 우리는 새로운 곳에서 새날을 시작하는 아침 1분 해피어 습관을 실천하고 있으므로 부정적인 생각은 사양합니다."

모든 것은 습관의 법칙에 따라 유유상종(類類相從)으로 끼리끼리 모인다. 비슷한 것이 모이는 이 인류의 공통된 법칙은 비관주의자들은 비관주의자들끼리 행복한 1분 습관을 실천하는 사람들은 주변에 행복한 습관을 실천하는 사람들로만 채우게 되어 있다. 이는 법칙이다. 인류가 지금까지 DNA에 각인시킨 법칙이다. 만약 일이나 '사업이 잘 안되고 나빠지고 있다'라고 입으로 내뱉으면 사업은 틀림없이 풀리지 않는다. 한 명의 생각이 주변의 동료까지 파괴적인 영향력을 끼친다. 주변 사람들을 다 파괴하게 만드는 이 습관들은 인류가 수많은 파괴적인 형태의 습관을 만들었다.

인간의 DNA는 습관의 원리를 통해 성격을 형성하게 했다. 만약 반복적인 습관으로 간절히 변화하기를 바라는 습관이 있다면 일단은 아침에 일어나서

1분 해피어 습관을 실천해 보라. 어떤 행동이라도 여러 번 반복하면 새로운 DNA가 인류에게 좋은 습관을 후대에 남길 것이다. 일단 마음속에 습관으로 1분 해피어 습관이 장착되면 매일 행복하게 일어나는 행동으로 자연스럽게 이어질 것이다.

행복한 날이란 어제도 아니고 다가올 미래도 아니고 지금 오늘 여기 이 순간이다. 아침을 시작할 때 단 하루, 귀중한 날을 선물 받은 것에 대해서 감사해야 한다. 단 하루다. "오늘 하루만 잘 살자!"라고 선조들은 외쳤을 것이다. 불확실한 미래를 알 수도 없고, 살아보지 않았기 때문에 몰랐고 오직 현재에 집중했던 선조들 덕분에 우리가 사는 것이다. 인류의 DNA가 수많은 생명의 위협에도 존속할 수 있었던 이유는 바로 하루만 최선을 다하는 것이었다. 그것이 습관적인 행동으로 이어져 하루가 수억 년이 된 것이다.

만약 인류의 DNA에서 맹수가 공격하는데 방어하거나 대항하거나 도피하는 유전자가 습관으로 우리의 뇌와 몸에 각인되지 않는다면 인류도 멸종될 수 있었다. 하지만 인간만은 아침에 일어나서 생각할 수 있는 행복 DNA를 지속으로 개발해 유전자가 우성으로 진화했다. 열성 유전자들은 다 죽고, 인간만이 살아남았다. 아침 1분 해피어 습관은 이 유전자를 생성하는 아주 중요한 시간이다.

> 아침을 낭비하면 인생을 낭비하는 것이다

#06
귀한 날의 시작이 아침이다

석가모니 부처가 이런 질문을 받았다.

"우리 인생에서 행복한 날은 언제입니까?"

"바로 오늘이다."

"우리의 삶에서 가장 절정인 날은 언제입니까."

"바로 오늘이다."

"우리의 인생에서 가장 귀중한 날은 언제입니까?"

"바로 오늘이다."

"우리 생에서 가장 귀중한 날은 언제입니까?"

"바로 오늘 지금 여기이다."

"어제는 지나간 오늘이고, 내일은 다가오는 오늘이다."라며 석가모니는 아침 1분의 해피어 습관을 강조했다. 아침에 일어나서 오늘이 나에게 주어진 하루뿐이라고 생각하자.

기술의 혁신 아이콘 스티브 잡스 Steve Jobs도 아침에 거울을 보면서 **"오늘이 내 인생의 마지막 날이라면 이 일을 하겠는가?"** 라는 1분 해피어 습관을 매일 실천했다.

삶에서 간절히 바꾸고자 하는 것이 있다면 아침에 거울을 보며 질문하라. 핵심 질문을 매일 일어나자마자 하는 것도 행복 습관이다. 만약 이 일이 내 일이 아닌데 억지로 하고 있다면 아침은 괴로울 것이다. 귀한 아침 시간을 괴로움으로 시작하면 평생이 허무할 것이다. 딱 하루만 산다면 그 일을 당장 안 하지 않겠는가.

하루를 잘 계획하고 지금, 이 순간 여기에서 행복할 수 있는 좋은 습관을 들이도록 마음을 고요하고 평화롭게 하는 도구가 매일 온다. 석가모니와 세상의 모든 현자는 아침에 일어나자마자 하는 말 한마디와 생각과 마음가짐이 그날의 운명을 좌우한다고 했다.

미국의 영적 교사이자 《치유》의 저자 루이스 헤이Louise Hay는 **"아침에 일어나서 자신에게 건네는 한마디 말에서 모든 것이 시작된다."**라고 했다. 어린 시절 불우한 환경에서 자란 그녀는 아침 1분 습관의 중요성을 깨달아 일어나자마자 거울로 가서 "루이스, 나는 너를 사랑해. 정말 사랑해. 나는 너를 있는 그대로 받아들이고 인정해. 오늘 하루도 멋진 일이 일어날 거야. 고마워. 사랑해." 이렇게 말해주었다.

아침에 일어나서 이 말을 잠재의식에 새긴 결과 세상에서 가장 존경받는 여성이 되었다. 큰 성공을 거두고 그 성공의 결과를 세상에 모두 기부했다. 재단을 만들어 모든 재산을 자선단체와 인류 의식 성장 재단에 기증했다. 거울을 보면서 소중한 하루가 선물로 주어졌는데 인상을 찌푸리고 거울 속에 자신이 싫다고 매일같이 아침에 스스로 말을 한다면 소중한 하루가 어떻게 되겠는가. 평생은 어떻고?

우리는 이런 좋은 가르침과 행복해질 수 있는 도구를 적극적으로 활용해야 한다. "하루하루를 이 삶의 전부로 느끼며 살아야 한다"라는 인류의 스승, 석가모니의 가르침을 실천해야 할 것이다. 인류의 의식을 밝게 비춘 성현들과 현자들도 강조해서 말한다. 아침에 일어나는 태도가 평생을 좌우한다고. 아침에 일어날 때 1분 해피어 습관을 실천하면 평생 행복하게 살 수 있다. 예수도 성경에서 오늘이 내 인생의 마지막 날인 것처럼 살라고 했다.

전도서에서 솔로몬은 '해 아래 인생'이라고 해서 인간의 인생이 덧없이 흘러가고 있으니 무엇이 자신에게 가장 좋은지 매일 질문하라고 했다.

미즈노 남보쿠 Mizno Namboku는 운명학자이다. 어릴 때 부모를 잃고 작은아버지 밑에서 자라고 10대부터 술을 마시고 도둑질하며 사회의 필요악으로 감옥에 가게 되었다. 감옥에서 사람들을 관찰하니 가난하고 죄를 지은 사람들의 관상이 성공한 사람들과 다르다는 것을 발견했다.

감옥에서 형기를 채운 후 나와서 유명한 스님을 찾아가서 자신의 관상을 봐 달라고 했다. 1년 후에 곧 죽을 운명이니 그 길로 바로 가서 하얀 콩과 보리로만 식사를 한 후에 절에 오면 출가를 받아주겠다고 했다. 스님은 절에서의 생활이 엄격한 절제의 생활이기 때문에 시험하기 위해서 그렇게 말했지만, 미즈노 남보쿠는 살고 싶었다.

그래서 생명의 끝을 향해 달려가는 운명의 사람들은 두 가지 선택지, 즉 살기 위해 뭐든 하거나, 생을 포기하거나 중의 하나인데 미즈노 남보쿠는 살고자 1년 동안 술을 끊고 보리와 흰콩으로 식사를 엄격히 절제하고 아침에 일찍 일어나 1분 해피어 습관을 실천했다. 그 후 주지 스님을 찾아갔는데 스님은 깜짝 놀랐다. 관상이 죽을상에서 완전히 부자들의 관상으로 바뀐 것이다. 스님의 예언이 무색하게 그는 엄격한 식사 절제로 운명을 바꾸고 아침에 일찍 일어나 1분의 해피어 습관을 철저히 실천했다.

아침에는 좋은 생각이 드는 이유는 뭘까? 아침은 모든 것이 조용하여서 마음이 상쾌하고 이성적으로 깨어있으므로 좋은 아이디어들이 떠오른다. 밤에는 약간 감성적으로 되어서 사람들이 쉽게 중독될 수 있는 것들을 찾는다. 특히 술과 음식은 밤에 늦게 자는 사람들이 공통으로 즐기는 것들이다.

성공하려면 규칙적인 생활과 철저히 절제된 생활 습관을 지켜야 한다. 하루하루 소중한 순간이 더해져 평생이 되는데 하루를 소중하게 여기지 않고, '단 하루니까'라고 예외를 만들어 좋지 않은 습관을 또 지속하면, 인간의 수양이 부족한 것으로 알고 하늘은 그런 사람들에게 큰 성공을 주지 않는다. 우리가 바라는 것은 작은 성공이 쌓여서 크게 이 세상에 이바지하는 것이다.

오늘 하루를 소중히 여기는 사람들은 반드시 아침에 1분 해피어 습관을 실천한다. 결국 하늘은 소중히 만물을 대하는 사람들에게 그에 따른 좋은 결과를 선물해 준다. 그 시작은 오늘 하루 지금, 이 순간 해피어 1분 습관을 실천하는 것이다. 아침에 실천하는 것을 잊었다면 지금 당장 바꿀 수 있다. 세상에서 가장 귀한 날 오늘 하루를 어떻게 보낼 것인가?

> 아침을 낭비하면 인생을 낭비하는 것이다

#07
늦잠은
가장 비싼 낭비다

"아침에 떠오르는 태양을 바라보며 기도하면 심신이 건강해지고 무병장수한다." - 미즈노 남보쿠, 《절제의 성공학》 저자

연예인 중에 비가 이 책을 읽고, 감명받아 사람들에게 추천했다. 《생각의 비밀》의 김승호 저자도 《절제의 성공학》을 반드시 성공하고 싶은 사람들에게 읽으라고 했다. 왜 연예인들이 돈을 많이 벌고, 명성을 쌓는가. 부자는 왜 부자가 되는가. 그들은 철저히 절제하는 삶을 살기 때문이다. 음식을 많이 먹지 않고,

아침 시간을 철저하게 지킨다.

늦잠은 빈궁단명貧窮短命할 정도로 좋지 않다. 종교에 종사하거나 영을 맑게 하는 직업, 관상가들, 운명학자들이 왜 아침을 중요하게 생각했을까? 왜냐하면 하루를 시작하는 첫 시간을 경건하게 마음을 바로잡고 조용히 하루를 계획하고 좋은 일이 일어나도록 기도하는 마음은 삶 전체를 평화롭고 건강하며 성공하게 해주기 때문이다. 그래서 그들은 많은 사람에게 영감을 주는 것이다.

아침에 늦게 일어나는 사람 중에는 밤에 뭔가를 하는 사람이 많다. 이것은 다 쓸데없이 밤을 새우는 것이다. 밤은 음의 시간이라 잠을 자야 한다고 인류의 유전자가 체온을 떨어뜨린다. 그런데 억지로 자연 조명이 아닌 인공조명에 의지하여 자는 시간에 뭔가를 하면, 몸에 화의 기운을 돌리게 된다. 이 생활이 반복되면 기운이 제대로 돌아갈 수 없다. 태양이 뜬 양의 시간에 잠을 자고 있으니 음양이 조화가 안 맞게 된다. 몸이 지구의 기운과 합쳐져 돌아갈 수 없으니 뭔가 삶에서 문제가 생긴다. 어떤 분은 그래서 병이 생겨서 아침마다 태양을 보고 "나는 할 수 있어"라고 외치면서 암을 자연 치유했다. 그분은 1분 해피어 습관을 깨달았다.

지수화풍은 아침 태양이 뜰 때 만물이 재생되어 새롭게 태어난다. 해가 뜬 후에 일어나는 사람은 아무리 관상이 좋아도 운명이 제대로 돌아가지 않는다. 아침의 태양 기운을 못 받으면 원기가 약해진다. 마음도 옳지 못한 곳에 머물

게 된다. 감정의 기복이 심해져서 마음이 주체할 수 없는 감정을 하루에도 수백 번 겪는다. 아침에 일찍 일어나서 상쾌한 마음으로 하루를 운영하는 사람과 늦게 일어나서 감정이 밝지 못한 사람들의 정신 상태는 같을 수가 없다.

몸과 마음이 온전하지 못하면 성공 근처에도 못 간다. 성공했더라도 이내 그 성공이 사라지고 만다. 부자가 늦잠을 자서 그 재산을 지킨 경우는 못 봤다고 《돈보다 운을 벌어라》의 저자 김승호 선생이 말했다. 운을 바꾸는 데 있어 '아침이 중요하다'라고 했다. 동명이인의, 부자 되려는 사람들의 우상이 되고 있는 《돈의 속성》의 저자 김승호 회장도 아침을 강조한다. 그는 강연에서도 사업을 하는 사람들은 절대 늦잠을 자면 안 된다고 강조한다. 그는 스스로 새벽 5시 이전에 일어나 경제 신문 보기, 독서, 산책 등 아침에 많은 것을 한다. 성공한 사람들이 말한 것만 봐도 부를 지키고 열심히 사회에 더 이바지하기 위해서는 늦잠 습관은 낭비다. 성공하기 위해서는 아침 늦잠을 멀리해야 한다.

필자도 새벽에 일찍 일어나니 하루가 48시간처럼 느껴지고 여유와 시간이 많아서 많은 꿈과 목표를 이룬다. 만약 늦잠을 자고 불규칙한 생활을 했더라면 이 많은 일을 여유롭게 처리하지 못했을 것이다. 몸과 마음이 피폐해져서 어딘가에서 계속 삐걱거리는 신호가 왔을 것이다. 이제는 어떤 일이 있어도 마음의 동요가 거의 없다.

아침에 늦게 일어나서 늦잠을 즐기면 평생의 반은 누워서 보내게 된다. 그 이유는 인간은 기본적으로 활동을 적극적으로 해야 건강을 지킨다. 게으르게 늦게 일어나 하루의 시작에서 활기찬 기운을 받지 못하면, 일단은 정신 상태가 나태해진다. 일생의 반 이상을 이것저것 쉽게 먹는 것으로 위로하는 삶을 살게 된다. 적극적으로 삶을 살기보다는 회피하는 소극적인 삶을 살아가게 된다.

식사를 절제하는 것이 덕을 쌓는 것인데 먹는 것을 찾아다니느라 인생을 허비하게 되어 운이 나빠지는 운명을 지금이라도 바꿀 수 있다. 식사를 엄격히 절제하여 만물의 기운을 허비하지 않으면 성공한다고 하니, 삶의 모든 부분을 다시 정비해야 한다. 아침에 일찍 일어나서 활기차게 태양의 기운을 받지 않으면 인생의 시간 대부분을 소비하게 되어 운이 나빠진다. 전설적인 일본의 관상학자 미즈노 남보쿠는 여러 권의 책에서 아침이 중요하다고 말했다. 비생산적인 일에 시간을 다 보내고 아등바등 일을 해봤자 무엇을 이루어낼 수 있겠느냐고 경고하니, 우리는 아침 1분 해피어 습관을 실천하는 것을 지금 당장 실천해야 할 것이다.

게으른 뇌는 뭔가 복잡하면 장애물로 인식하고 좋은 습관을 그만둔다. **미루지 않고 바로 실행하기 위해 가장 적당한 시간은 아침이다.** 아침 시간 1분만 투자해서 바로 행동에 옮기는 실천력 강한 사람이 되는 건 어떨까. 이 습관을 실천할 때는 과거의 아침 1분과 새로 실천한 해피어 법칙을 적용한 자신만 비교한다. 절대 새벽에 더 일찍 일어나는 사람과 비교하지 않는 것이 좋다.

운이 잘 돌 수 없는 야행성의 삶은 해피어 1분 법칙으로 청산할 수 있다. 지금 이 글을 읽는 독자 중에서 밤에 뭔가를 하는 게 습관이 되었다면 이제는 바꿔야 할 때이다. 자연의 이치에 어긋나는 생활을 하면 자연은 반드시 대가를 돌려주는 것이 법칙이다. 성공할 운명을 가지고 태어나도 아침에 일찍 일어나야 한다. 우리나라에서 최근 존경받는 1조 자산가 김승호 회장은 아무리 부자라고 해도 아침에 늦잠을 자게 되면 쌓은 부를 순식간에 다 잃을 수도 있다고 강조했다. 소식하고 절제하고 성공하려면 무조건 아침에 일어나는 것을 기본으로 삼았다. 성공한 사람 중에서 아침에 늦잠을 자는 사람은 거의 없다. 간혹 성공한 후 늦잠을 즐기는 사람들도 가끔 그러기도 하지만 매일 늦잠을 자지는 않는다.

늦잠을 삼가고 아침에 일찍 일어나서 일하는 것이 운과 기를 제대로 돌리는 방법이다. 자연의 이치에 맞지 않게 일하면 병에 걸린다고 운명학자는 경고한다. 부귀장수를 누리고 싶다면 지금의 야행성 생활을 당장 그만둬야 한다. 아침의 기운을 받아야 한다고 하는 데는 의견이 분분할 수 없다. 대부분 성공한 사람들이 말하는 것은 진심으로 돕고자 하는 마음에서 나온다. 성공하여 사회에 크게 이바지할 사람들은 이제 늦잠이라는 단어를 자신의 인생 사전에서 지워야 한다.

건강한 자연의 생체 시계가 5시이다. 이제는 어떤 일이 있어도 5시에 일어나서 1분 해피어 습관을 실천하자. 늦잠은 인생 전체를 봤을 때 대단히 큰 낭비다. 병에 걸리면 치료비를 내야 하고 성공 못하면 항상 돈이 부족한 가난한 삶을 살아 비싼 대가를 치러야 할 것이다. 자연의 순리대로 사는 해피어 습관을 들이는 것을 이제는 결정해야 할 때이다. 이 책이 여러분의 인생의 전환점이 되길 바란다.

아침에 일어나서 **자신에게 처음 들려주는 말**이 무엇인가.
1분 해피어 습관의 법칙으로 항상 일어나서,
웃으면서 **"오늘 하루 좋은 일이 생길 거야!"** 라고 긍정하는가.
아니면 "오늘 또 일어나기 싫은 하루가 시작되었다.
너무 죽겠다. 더 자고 싶다. 직장 가기 싫다"라는 말을 외치면서 일어나는가.
전자와 후자의 인생은 어떻게 펼쳐질까.

제4장

기적의 아침 1분 습관을
실천하는 7가지 방법
-아침 1분 HAPPIER 습관-

> 기적의 아침 1분 습관을 실천하는 7가지 방법_첫 번째

HAPPIER
Hale, 눈을 감고 1분 동안 심호흡을 세 번 한다

Hale (InHale, ExHale)

Hoo~hah~Hoo~Hah~Hoo~hah

후우~ 하하~ 후우~ 하하~ 후우~ 하하~

So Hum   So Hum   So Hum

소~ 함~   소~ 함~   소~ 함~

"후우 하 후우 하 후와 후와"

"퀴즈 탐험 퀴즈 탐험 퀴즈 탐험"

"신비의 세계~"

"퀴즈 퀴즈 퀴즈탐험"

"후우 와 후와 후와"

"지구는 숨을 쉰다."

"그 모든 생명이 살아있다."

"눈빛이 가지 못한 세계로!"

"살아서 숨 쉬는 신비의 세계로"

"지구촌의 신비를 벗겨보자!"

"우주의 모든 신비를 모두 밝혀보자"

퀴즈탐험 신비의 세계 오프닝 노래를 어릴 적에 들어본 적이 있는가. 여기에서 우주의 신비를 '호흡'이라고 이야기한다. 모든 생명이 살아있게 하는 호흡. 이 호흡이 왜 중요할까. 우리가 사망선고를 내릴 때 의사들은 "의식이 없습니다!"라고 하면서 숨이 끊어진 것을 확인한다. 생명이 태어나서 죽을 때까지 심장에서는 호흡해서 산소를 공급해 달라 한다. 태아가 생길 때 가장 먼저 생기는 장기도 심장이다. 심장이 계속 뛰어줘야 태아가 비로소 엄마 뱃속에서 10달을 잘 채우고 나올 수 있다. 심장은 호흡을 깊게 해줘야 산소가 원활히 공급된다.

살아서 숨 쉬고 죽었다는 것을 알 수 있게 해주는 호흡. 하루에도 몇 번이나 호흡하고 있지만, 호흡하고 있다는 것을 의식하는 사람들이 많지 않다. 호흡은 우리의 건강을 측정하는 척도다. 만약 지구가 제대로 숨을 쉬지 않는다면 뭔가 고장이 났다는 뜻이다. 공기가 탁하거나 미세먼지가 있을 때는 바로 호흡이 불편해진다. 사람들이 아파도 호흡을 제대로 할 수 없다. 얕은 호흡을 쉬게 되고 숨을 잘 쉴 수 없을 때, 즉 스트레스를 많이 받을 때 우리 몸은 호흡이 원활하지 않다. 하지만 매일 호흡을 일정하게 들이마시고 내쉬어주는 연습을 하면 어떤 상황에서도 스트레스가 가라앉는다.

1분 더 행복해지는 습관은 호흡이다. '후~ 하~ 후~ 하~ 후~ 하~' 3번 심호흡함으로써 우리 몸의 의식에서 뭔가 막혀있는 부분을 뚫을 수 있다.

세상은 시시각각으로 불협화음을 낸다. 온갖 소음으로 스트레스를 많이 받으면 우리 몸은 스트레스에 대항하는 호르몬인 코르티솔을 분비하고, 스트레스가 심할수록 이 호르몬이 더 많이 분비되어 만성 염증이 생긴다. 자율신경의 불협화음을 조율해야 안정화된다. 호흡은 스트레스 호르몬이 일으킨 몸의 염증을 다스리게 해준다. 세상에서 가장 강력하고 쉬운 건강법은 '호흡하기'다. 병 없이 오래 사는 사람들은 호흡이 안정되어 있다. 아침에 1분 일찍 일어나서 거울을 보고 후하 후하 후하 웃으면서 다음의 SO HUM 호흡을 매일 해보자.

1. 앉거나 누운 채로 편안하게 척추를 바르게 편다.
2. 평소대로 호흡한다.

3. 입을 다문 채로 코로 숨을 들이마신다. 속으로 SO(소~) 소리가 나도록 한다.
4. HUM(함~)이라는 소리를 내면서 숨을 천천히 뱉는다. 소리가 사라질 때까지 내뱉는다.
5. 이 4번까지의 과정을 3번 한다. 딱 1분 걸린다.

호흡하기는 어렵지 않다. 숨을 쉬는 것을 알아차리는 것에서부터 시작한다. 호흡만 제대로 해도 무너진 자율신경을 단 1분 만에 회복할 수 있다. 소함SO-HUM이라는 단어는 베다 철학에서 우주 또는 궁극적인 현실과 자신을 동일시하는 것을 뜻한다. 이 두 짧은 음절을 기억하기 위해 소의 음매 하는 소리를 떠올려 보자. 소SO가 음매할 때 우렁차게 큰 기운이 느껴진다. 함HUM은 호흡을 길게 내뱉게 한다. 이 소리는 호흡을 알아채도록 돕는다.

우리의 숨소리에 집중해 보자. 들이쉬면서 내는 소리에 집중하면 "스~"하는 소리를 들을 수 있다. 산스크리트어에서 '소SO'이며, 의미는 "참 그것THAT", 참나를 의미한다. 숨을 내쉬는 소리는 "함HUM"인데 이는 "나I"의 의미이다.

즉, 우리가 매 순간 호흡할 때마다 "SO-HUM, 나는 참 나이다"라는 만트라를 반복하고 있는 셈이다. 호흡에 집중하여 그 소리에 귀 기울이는 것이 바로 만트라의 반복이며, 명상이다.

호흡과 만트라를 하는 동안 우주의 좋은 기운을 받아들일 수 있다.

우리는 멋지고 사랑스러운 삶을 살도록 이 세상에 태어났다. 행복한 삶을 매 순간 누리려고 이 세상에 태어났다. 그 증거로 여러분에게 지금 숨을 줬다. 그 숨은 모든 것을 이미 다 주었다고 말한다. 성경에는 호흡이 사람의 맨 처음 지으심이라고 이야기 한다. 성경 창세기 2:7에 "여호와 하나님이 땅의 흙으로 사람을 지으시고 생기를 그 코에 불어넣으시니 사람이 생령이 되니라."라고 되어 있다. 호흡으로 사람을 지으신 그 소중한 비밀이 우리가 매일 들이쉬고 내쉬는 호흡에 있다. 부처도 호흡으로 깨달음을 얻었다. 행복해질 수 있는 호흡은 1분 해피어 호흡이다.

불가에서나 히말라야 고지대의 초인들은 호흡이 모든 것이라고 했다. 무한 생명이 여러분에게 주어졌다. 호흡하는 것을 매번 의식하면 바라는 많은 것이 이루어진다고 한다. 호흡을 하면 그 순간에 모든 생각이 제로 상태로 된다. 이때 빈 공간에 바라는 것을 떠올리면 창조가 이루어진다. 창조자가 준 호흡 근처에서 꿈이 심장과 함께 뛰면 물질 세계에 나타난다.

우리를 만든 그 무한의 창조자가 여러분을 이곳에 보냈다면, 왜 삶의 모든 것이 다 채워질 것이라고 믿지 못하는가. 호흡이 이번 생을 살 때까지 붙어있고, 그 호흡이 여러분을 매 순간 살게 한다면 못 할 것이 없다. 여러분 안에 있는 그 절대자가 모든 것을 알아서 다 해줄 것이라는 믿음은 당신이 바라는 그 모든 것을 이루게 해줄 것이다.

여러분은 이 세상에 행복하기 위해서 태어났다. 내면에 있는 절대적인 존재의 힘은 호흡을 통해서 매 순간 느낄 수 있다. 《위대한 시크릿》에서 모든 선지자가 시크릿을 '호흡'이라고 했다.

'알아차림'!

세상에 일어나는 모든 일은 알아차림을 하면 다 괜찮아진다고, 삶의 어떤 일이라도 다 환영하라고 한 것은 호흡이 주어졌기 때문이라고 말한다. 여러분은 살아있어서 어떤 경우라도 행복할 수 있다.

아침에 일어나자마자 거울을 보면서 "후~ 하~ 후~ 하~ 후~ 하~, 웃으면서 하하하 숨을 쉬고 있네."라고 말을 해보자. 생명이 붙어있는 게 얼마나 감사한가 '알아차림'을 해보라. 잠시 앉아서 1분 동안 뭔가를 하기 전에 '소~함, 소~함, 소~함' 이 호흡을 통해 우주의 근원과 연결되어 모든 일이 순리대로 풀리기를 기도하는 마음으로 시작해보라.

미래가 두렵고 지나간 날이 후회된다면, 몸에서 들고 나가는 호흡의 흐름을 알아차리는 게 도움이 된다. 대부분의 성공한 사람들과 깨달음의 경지에 다가간 모든 선지자는 명상한다. 그들은 호흡이 중요하다고 강조한다. 특히 부처는 호흡 수행 끝에 깨달음을 완전히 증득證得하여 고민과 고통이 절대적으로 없는 완벽한 행복의 경지에 이르렀다.

호흡은 삶의 본질이다. 그리고 그 삶의 본질은 가장 소중하다. 지금 당장 숨을 쉬지 않는 사람은 이 세상에 없는 존재다. 그 소중한 본질이 공짜다. 돈이 드는 게 아니다. 숨을 쉬는 것은 특권이다. 지구가 숨을 쉰다는 것은 여러분이 살아있기에 가능하다. 만약 여러분이 이 세상에 없으면 지구도 숨을 안 쉰다. 살아있는 동안 충분히 호흡으로 잘 버틸 수 있다면 왜 삶의 다른 부분들도 다 충분히 채워질 수 있다고 믿지 못하는가. 항상 의심하는 습관을 버리고, 이제는 해피어 1분 호흡 습관으로 완벽하게 행복해질 수 있다고 다짐하며 호흡을 딱 3번만 해보라. 어떤 일을 시작할 그 자리에서 10초만 호흡해 보라. 에너지가 달라진다.

노벨 평화상을 수상한 달라이 라마 Dalai Lama는 인류의 영적 스승이다. 영적 스승들은 매일 호흡을 24시간 알아차린다.

그는 "매일 아침 일어나서 눈을 뜨고 호흡을 할 수 있고, 살아 있으니 얼마나 행운인지를 의식하세요."라고 말했다.

그의 말은 우리가 흔히 듣는 명언을 떠오르게 한다.

"오늘은 어제 그토록 삶을 하루만 더 살고 싶다고 외친 간절한 이의 하루다."

"네가 헛되이 보낸 오늘은 어제 죽은 이가 그토록 그리던 내일이다" 이게 아닐까?

이 하루를 또 부여받은 게 얼마나 행운이고 행복인가. 달라이 라마처럼 전 세계의 평화를 위해서 일하지 않아도 된다. 지금 행복하게 호흡 한 번 하면 여러분은 전 세계 평화에 이바지하는 것이다. 스트레스가 없어지고 그 순간에는 평화가 깃들기 때문이다.

달라이 라마처럼 전 세계인을 위해서 자신의 마음을 확장해 모든 기운을 전 세계 평화를 위해 활동하지 않아도 된다. 일어나서 힘이 닿는 데까지 타인을 이롭게 하는 달라이 라마처럼 호흡을 관찰하면 된다.

2018년 세종 도서 교양 부분에 선정된 혜안 스님의 《마음 다루기 수업》에선 호흡을 '친구'라고 한다. 호흡은 친구 맞다. 평생 같이 있다가 이 세상을 떠나 다음 세상을 갈 때는 헤어지기 때문이다. 친구는 영영 같이 있을 수 없다. 그런데 호흡이란 친구는 죽을 때까지 내 안에 함께 있어 준다. 얼마나 행복한 관계인가.

자기 계발의 대가인 미국의 루이스 헤이 Louise L. Hay 영성가도 호흡을 강조한다. 자신이 자신을 사랑하는 게 세상에서 가장 중요한 관계라면서 명상할 때 호흡을 꼭 챙긴다. 이 세상을 떠날 때 가져갈 수 있는 것은 호흡과 사랑한 경험과 추억뿐이라고 맘껏 세상의 모든 것을 사랑하라 한다.

매일 양치질을 하지 않는가. 거울을 보며 양치하면서 긍정 문구 포스트잇을 보면서 호흡하라. 이렇게 하루를 시작한다. 여러분도 호흡을 통해 잠시 멈추어 보라. 호흡이 들어오면 들어오는 줄을 알고, 나가면 나가는 줄 아는 것이 1분 해피어 호흡 습관이다.

어떻게 하냐면 '후 하 후 하 후 하' 소리 낸다. 지구는 숨을 쉰다. 그 모든 생명이 살아있다. 살아있으려면 내가 '후 하 후 하 후 하 후 하' 심호흡을 하면 되는 것이라고 알아차리기만 하면 된다. 좋아하는 친구를 바라보는 듯한 표정으로 자신을 보면서 호흡이 들어오고 나감을 지켜보라. 그러면 여러분은 항상 내면에 고요와 평화라는 친구를 갖게 될 것이다.

아침에 일어나자마자 딱 10초만 호흡해도 된다. 10초에서 30초, 30초에서 1분으로 늘리면 된다. 호흡하는 방법을 잘 모르겠으면 유튜브에 1분 호흡 명상을 검색하면 해피어 습관을 실천할 수 있다. 하루에 딱 1분만 아침에 일어나서 호흡을 의식하자. 지금보다 더 행복해질 것이다.

기적의 아침 1분 습관을 실천하는 7가지 방법_두 번째

H**A**PPIER
Affirm, 오늘 하루가 기적이 될 것을 1분 확신한다

생각을 조심하세요. 언젠가 말이 되니까요.

말을 조심하세요. 언젠가 행동이 되니까요.

행동을 조심하세요. 언젠가 습관이 되니까요.

습관을 조심하세요. 언제가 성격이 되니까요.

성격을 조심하세요. 언젠가 운명이 되니까요.

-마더 테레사Mother Teresa, 마가렛 대처Margaret Thatcher

마가렛 대처 수상과 세상에서 가장 존경받았던 노벨 평화상 수상자인 마더 테레사는 생각과 말을 조심하라고 했다. 말은 생각에서 나온다. 말을 어떻게 하느냐에 따라서 성공한 인생을 살 수도, 실패한 인생으로 고통받을 수도 있다. 생각과 말이 행동을 유발하고 행동을 지속하면 습관이 되고, 습관이 성격이 되어, 우리의 운명을 형성한다. 우리는 생각하는 대로 된다.

아침에 일어나서 자신에게 처음 들려주는 말이 무엇인가. 1분 해피어 습관의 법칙으로 항상 일어나서, 웃으면서 "오늘 하루 좋은 일이 생길 거야!"라고 긍정하는가. 아니면 "오늘 또 일어나기 싫은 하루가 시작되었다. 너무 죽겠다. 더 자고 싶다. 직장 가기 싫다"라는 말을 외치면서 일어나는가. 전자와 후자의 인생은 어떻게 펼쳐질까.

아침에 일어나자마자 "또 다른 멋진 하루가 시작되었다. 오늘도 살았으니 기적이다. 야호!" 외치며 기지개를 켜면서 행복하게 일어나는 사람도 분명히 있다. 그런 사람들은 분명 외치는대로 자신감이 솟아날 것이다. 해피어 1분 습관 실천가들은 매일 조금씩 행복한 성공 기억, 확언을 쌓아서 잠재의식을 크게 바꾼다.

성공한 사람들은 예외 없이 아침에 일어나자마자 확언을 외친다. 확언이라는 것은 확신을 갖고서 자신이 원하는 바를 언어로 표현하는 것이다. 속으로 말하는 언어도 확언이요, 밖으로 내뱉는 말도 확언이다. 언어로 표현되는 모든 것이 확언이다. 확언의 종류에는 부정 확언과 긍정 확언이 있다. 부정 확언은 "나는 할 수 없다", **긍정 확언은 "나는 할 수 있다"이다.** 성공한 사람들은 아침마다 일어나서 긍정 확언을 외친다.

요즘 유튜브에서 많이 나오는 단어가 '확언'이다. 이미 15년 전에 루이스 헤이 책을 번역하면서 성공하는 사람들은 확언을 외친다는 비밀을 알았다. 10년 후에는 확언이 우리나라에 전해진다고 생각했는데 정말 그렇게 되었다. 최근에 돌아가신 시크릿의 출연자 밥 프록터는 돈에 대한 확언을 다음과 같이 하라고 했다. 아침에 1분도 좋지만, 밥 프록터는 1,000번씩 매일 했다.

"나는 지금 너무나도 행복하고 감사하다. 왜냐하면 돈이 계속해서 들어오는 것은 기본이거니와 복리로 증가하는 방식으로 다양한 자동화 수입원에서 돈이 들어오기 때문이다. I am so happy and grateful now that money comes to me in increasing quantities through multiple sources on a continuous basis."

일본의 최고 부자 사이토 히토리씨 斎藤 一人는 매일 1,000번씩 "나는 운이 좋아. 나는 운이 좋아."라고 외친다. 부자가 된 후에도 이 생각과 말이 습관이 되어 계속 외쳐서 운을 더 끌어당기고 더 성공하고, 더 개성이 강해지고, 더 건강하고, 더 행복해서, 자신의 운명을 감사함으로 크게 끌어당기고 있다. "행복하지 않은 적이 한 번도 없다"라고 말한 일본의 사이토 히토리씨의 부자되는 비밀은 확언에 있다. 그는 "감사합니다" 이 말 한마디 덕분에 한 번도 행복하지 않은 적이 없다고 말한다. 진동수의 비밀이 '감사함'에 있으므로 이 말을 염불처럼 외고 산다.

자기암시라고 할 수 있는 확언은 성공한 사람들이 매일 쓰는 방법이다. 빌 게이츠Bill Gates는 아침을 시작할 때 거울을 보며 "오늘은 왠지 큰 행운이 올 것 같다", "나는 무엇이든지 할 수 있다"라고 외친다. 거울 확언은 자신의 영혼과 이야기하는 것과 마찬가지다. 빌 게이츠는 21세기 최고의 부자다. 이 거울 확언을 매일 아침 외치는 것이 그의 성공 비밀이라는 것을 알겠는가. 1분 해피어 습관은 삶을 획기적으로 바꿀 수 있는 습관이다.

세계에서 가장 부자인 사람이 이 두 마디 "오늘은 왠지 좋은 일이 생길 것 같아. 나는 할 수 있어"라는 확언을 잠재의식에 매일 새긴다. **이때 웃으면서 기분 좋은 감정을 느끼는 것이 핵심 비밀이다.** 확언을 외치는 데는 1분밖에 걸리지 않는다. 성공은 그 1분을 지속하는 것이다.

세계적인 비즈니스 컨설턴트 브라이언 트레이시Brian Tracy도 자신의 성공에 관해 이야기할 때 1분 해피어 습관을 항상 강조한다. 그는 아침에 일어나서 특정한 방식으로 행동하겠다고 단단히 결심하고 반복 확언하라고 한다. 예를 들어 "나는 매일 아침 기상 시간을 1분이라도 당겨서 확언할 거야!"라고 말하면 실제로 일어나게 된다. 자기 전에도 잠재의식에 이 말을 반복하라고 한다.

무언가를 결심했다면 새 습관이 몸에 배고 쉬워질 때까지 계속해서 연습해야 한다. 잘했으면 자신에게 즉각적인 보상을 주고 자신을 소중하게 대해야 한다. 절대 예외를 인정하지 말고 핑계를 만들거나 합리화하지 말아야 한다. 주변 사람들에게 새로운 습관을 들이는 중임을 알린다.

세계적인 끌어당김의 시초인 루이스 헤이도 자기 긍정 확언을 성공 요인으로 꼽는다. 루이스 헤이는 확언의 힘을 믿었다. 긍정 확언으로 전 세계인에게 사랑받는 여성으로 후대에 많은 사람의 생명을 구하고 있다. 그녀는 아침에 깊은 지혜를 듣기 위해 충분히 오랫동안 내면의 대화를 다 끄고 앉는다. 확언을 말할 때는 먼저 거울에서 "사랑해"라고 자신에게 자애를 베풀고, 사랑을 충분히 준다. 그 다음, 좌선으로 명상 확언할 때는 보통 눈을 감고, 심호흡을 크게 한 후 이렇게 질문형 긍정 확언을 한다.

"내가 알아야 할 것은 무엇일까?"

앉아서 고요히 답이 들려오는 것을 들은 후 이렇게 자신이 사랑받고 축복받는 이유도 생각한다. 그런 다음 이렇게 확언으로 묻는다.

"배워야 할 교훈은 무엇이 있을까?" 혹은 **"이 일에서 얻을 수 있는 교훈은 무엇이 있을까?"**

만약 여러분이 확언할 때 위협을 느끼거나 두려움을 느낀다면, 의식적으로 숨을 쉬라고 루이스 헤이는 말한다. 우리는 뭔가 긴장되거나 두려울 때 숨을 얕게 쉬는 경향이 있으니 호흡을 명상과 확언을 접목해 1분 해피어 습관으로 짬짬이, 틈틈이 하라고 했다.

루이스 헤이는 아침 해피어 습관을 명상과 확언을 함께 하는 데는 이렇게 해도 좋다고 했다.

"호흡은 내부에 힘의 공간을 열어 줍니다. 호흡은 척추를 곧게 펴게 해줍니다. 호흡은 여러분의 가슴을 열고 심장을 확장할 수 있는 공간을 줍니다. 숨을 쉬면서 여러분은 장벽을 내리고 개방하기 시작합니다. 수축보다는 확장하게 될 것입니다. 이제 당신의 사랑은 흐릅니다. 이렇게 확인하십시오."라고 하며 가장 간단한 안전한 확언을 소개한다.

"나는 나를 창조한 권능인 힘과 하나이다. 나는 안전하다. 나의 세상에서는 모든 것이 다 좋다."

"내가 알아야 할 모든 것은 내 앞에 나타난다."

"내가 필요로 하는 것은 완벽한 시간과 공간 순서로 나에게로 온다."

"인생은 기쁨이고 사랑으로 가득 차 있다."

"나는 사랑하고 있고, 사랑스럽고, 사랑받는다."

"나는 기꺼이 변화하고 성장한다."

"나의 세상에서 모든 것이 다 괜찮다.

1분 해피어 습관 중에 다음의 아침 긍정 기억 확언을 거울에 써 놓고 읽으면 하루 중에 기적이 일어난다.

"모든 것은 다 잘 되게 되어있다. 괜찮다. 이 일이 괜찮다는 것을 나는 잘 안다. 이런 일에서 배우라고 온 교훈일 뿐이다. 내가 꼭 배워야 하고 경험해야 하는 공부 거리다. 어쨌든 그 일은 겪게 되어있다. 여기에서 뭔가 나를 위해 최상의 선이 주어질 것이라는 걸 안다. 모든 것이 다 좋다. 그저 심호흡해 보자꾸나. 괜찮다."

요약하자면, 아침마다 1분 해피어 습관으로 호흡하기, 거울에 포스트잇으로 긍정 확언 붙이기, 숨을 쉬면서 그 확언을 읽거나 외치기다. 이것이 해피어 습관의 두 번째 비밀이다.

기적의 아침 1분 습관을 실천하는 7가지 방법_세 번째

HAPPIER
Positively, 아침 일찍 1분 긍정의 말을 한다

과거에 어떤 일을 했든 나(그)는 나(그)를 포용하고 용서합니다.

과거에 어떤 일을 했든 나(그녀)는 내가 무조건 행복해지기를 바랍니다.

과거에 어떤 일을 했든, 나는 내(그녀)가 행복하기를 바랍니다.

현재에 내가 어떤 사람이든, 나는 내(그 아이)가 행복하기를 바랍니다.

미래에 내가 어떤 상황에 부닥치든 무조건 행복하기를 바랍니다.

나(그, 그녀)의 모든 잘못을 용서할 것이며 항상 내가 행복하기를 바랍니다.

마음을 다해 아침에 누군가에게 행복해지기를 바라는 마음을 소원해보라. 얼굴에서 미소가 저절로 나온다. 이 긍정 연습은 친구와 해도 좋고, 아침에 가족이나 아이들에게 마음속 깊이 이 사람들이 행복해지길 진심으로 바라보라. 사랑과 친절 자체가 큰 보상으로 와서 마음에 기적이 일어날 것이다.

일본에서 가장 큰 부자인 사이토 히토리씨는 제자가 운을 바꾸길 원할 때 이 처방을 내린다. 하루에 100명의 사람에게 "이 분에게 세상의 온갖 좋은 일이 눈사태처럼 일어나시길 바랍니다." 이렇게 1,000일 동안 하루 100명에게 축언을 보내면 자신의 운명이 크게 바뀐다고 했다. 그는 "돈을 크게 벌고 싶다면 타인을 먼저 긍정해 주라"라고 했다. 반대로 말하면 만약 지금 해피어 습관을 실천하지 않거나 매일 어떤 사람을 미워한다면 돈은 수중에 많이 들어올 수 없을 것이다.

우리가 해피어 습관을 실천하는 걸 방해하는 요인의 1번이 타인을 자꾸 판단하려는 마음 때문일 것이다.
나를 위한 긍정의 말도 좋지만, 먼저 타인을 축복해주는 것이 가장 좋다. 이 세상에서 가장 좋은 기도는 남이 있기에 내가 있다는 감사의 기도다. 만약 이 기도가 되지 않고 타인을 비난하고 누군가를 원망하고 질투하고 미워한다면 그것은 그 말을 듣는 자기 자신에게 하는 기도가 된다.

《흥하는 말씨, 망하는 말투》의 저자 이상헌 칼럼니스트는 우리가 속으로 하는 말과 밖으로 내뱉는 모든 말이 자신에게 하는 기도라고 했다. 하루 10초라도 아침에 일어나서 세상에서 고통받는 사람들을 위한 자애慈愛의 마음을 가지면 내면이 행복해진다. 누군가를 미워하다가도 자애 명상을 하면 누군가에게 긍정의 에너지와 기도를 보내는 것이기에 행복해질 것이다. 1분 해피어 법칙 중 가장 중요한 법칙은 '긍정적'으로 생각하고 말하고 행동하는 것이다.

큰 부자가 되거나 많은 사람을 돕거나 성공하고 싶다면 나폴레온 힐(Napoleon Hill)의 성공 제1 법칙 〈PMA-positive mind attitude〉를 항상 염두에 두어야 할 것이다. 그는 성공한 사람들, 그것도 그냥 성공한 정도가 아니라 세상을 좌지우지하는 거부 509명의 성공철학을 20년간 연구했다. 《생각하라, 그러면 부자가 될 것이다》에서 **가장 중요한 성공의 법칙은 '긍정'**이라고 했다. 긍정의 배반이란 책도 있었고, 긍정을 비판한 사람들도 있었지만, 그런 책은 거의 주목을 받지 못했다. 인간의 본질이 아니고 진실이 아닌 것들은 많은 사람의 마음을 움직이지 못한다. 긍정을 실천해도 안 되니까 계속해서 책에서 긍정이 중요하다고 강조하는 것이다.

왜 자기계발서나 세상의 모든 성공학과 철학에서 긍정을 강조하는가? 그것이 우리의 근원이고 본성이기 때문이다. 긍정의 말은 기분이 좋다. 아무런 에너지가 들지 않고 기분 좋은 행복한 느낌만 난다. 그런데 부정적인 말이나 에너지는 주변에 독가스를 풍기는 것과 같다. 주변 사람들을 지치게 하고 병들게 한다.

만약 어떤 사람이 큰 성공을 했는데 그가 하는 말이 '제가 너무 우울해서 성공했어요. 저는 저 사람이 죽도록 미워하고 싫어했더니 성공했어요.'라고 생각해보자. 이런 공식은 있을 수 있지만, 결국은 그 말을 하는 사람들은 성공하더라도 오래 유지하지 못하고 내려온다. 성공의 파동과 에너지는 높다. 하지만, 낮은 주파수의 부정적인 언어들은 에너지가 낮다. 항상 사람들을 아래로 끌어내려 침울하게 하고 침체하게 하고 가라앉게 만든다.

그래서 성공한 사람들 주변에는 에너지가 가득 모여 사람들이 많이 따른다. 그 결과 부는 자연스레 주어지는 것이다.

긍정은 자연의 법칙이다. 자연은 씨앗 한 개에서 무한수의 열매를 수확하게 한다. 자연은 빈 공간을 싫어해서 항상 채워준다. 만약 좋은 말씨를 심고 마음을 곱게 가져서 열매를 위해 긍정적인 노력을 하면 수확 체증의 법칙에 따라 상상도 못할 정도의 수많은 열매를 맺게 해준다. 인류가 그렇게 존속됐다.

사이토 히토리씨도 제자인 미야모토 마유미씨에게 이 원리를 가르쳐주지 않았더라면 제자가 억만장자가 못 되었을 것이다. 미야모토 마유미의《운을 부르는 부자의 말투》와《돈을 부르는 말버릇》에서 왜 아침에 일어나자마자 긍정해야 하는지 자세히 설명하고 있다. 긍정의 말은 운명을 바꾼다.

세상에서 성공한 사람들은 확언과 말을 할 때 긍정적으로 한다. 부정어를 찾아볼 수 없다. 이 사실을 완전히 확신하게 된 계기가 있다. 우리나라에서 존경받는 여성 기업 1위인 준오헤어 강윤선 대표를 직접 만났을 때 알았다.

'이렇게 크게 성공하고 성장하고 사람들에게 존경받으려면 부정어를 한마디도 내뱉지 말아야 하는구나.'

성공한 사람들의 입에서는 '안 된다', '못 하겠다', '별로다' 등 이런 말이 아닌 '대단해요', '정말 멋져요', '정말 아름답고, 말도 잘하시네요' 등 칭찬과 감사의 긍정적인 언어를 계속 쏟아낸다. 그래서 성공이 자연스럽게 끌려오는 느낌을 받았다. 강윤선 대표는 타인을 대할 때 가족처럼 생각한다. 직원과 고객 모두를 자신이라고 생각한다. 남과 나를 하나로 보고 타인을 나를 대하듯 사랑해주고 칭찬해주고 친절을 베푼다. 웃고, 미소 짓고, 긍정의 말을 하는 사람의 얼굴에선 부정적인 기운을 찾아볼 수 없다.

성공을 위해 30년 이상 노력을 하시고 고생도 많이 하셨지만 얼굴에서 60대의 나이가 30대로 보이는 것은 왜일까. 매일 아침 일어날 때마다 긍정의 언어를 외치는 것뿐만 아니라 회사 사옥 계단에 아예 긍정의 말로 벽을 도배할 정도다. 성공의 법칙은 긍정이다. 아침 1분 해피어 습관에서 제일 중요한 것이 **'언어를 긍정적으로 바꾸라'**이다.

필자는 해외의 사업체들과 일을 하는데 그들의 긍정적인 심리와 메일을 주고받을 때의 언어와 일을 처리하는 방식은 성공한 사람들다웠다. 즉각 반응하고 어떤 일이 있건, '괜찮아. 너무 좋다. 환상적이다. 놀랍다. 아름답다. 최고다.' 이런 말을 쓴다. 루이스 헤이가 전 세계에서 존경받는 이유가 그녀는 삶의 모든 부분을 긍정 확언을 적용했기 때문이다. 직원들에게도 세상에서 가장 사랑하는 가족으로 대하고 직장 환경을 1분 해피어 습관이 자동이 되게 만들었다.

루이스 헤이는 7가지 습관을 실천하게 특별 명상 방도 만들어 부하직원들의 성공을 도왔다. 우리나라 기업들도 그렇게 바뀌고 있다. 지금 이 글을 읽는 독자들이 창업한다면, 긍정적인 마음가짐으로 무엇이든 한다면 안 될 것이 없을 것이다.

매일 딱 1분만 자신의 언어가 긍정인지 부정인지 알아보고, 부정어가 많으면 바꾸자.

> 기적의 아침 1분 습관을 실천하는 7가지 방법_네 번째

HAPPIER
PenPaper, 종이와 펜으로
1분 쓰기를 실천한다

"요즘 아이들은 글씨를 손으로 안 써. 손가락 근육이 약해서 글씨체가 예전과 많이 달라졌어."

주말 원두커피 향과 따뜻한 조명이 있는 한 카페에 앉아서 글을 쓰고 있는데 기분이 좋아졌다. 교양 있는 중년의 남성 5명이 테니스를 치고 와서 이야기하는데 말이 부드럽고 고요했다. 기분 좋은 긍정의 단어들이 많았다. 기분 좋은 느낌인데, 뭐지 하면서 집중하며 책을 보던 나는 얼굴을 들어서 그들의 표정을 보니 기분이 굉장히 좋아졌다. 그분들이 오기 전에는 기분이 안 좋았다. 어

떤 60대 정도로 보이는 남자 2분이 계속 불평하고 욕을 하는 대화를 했기 때문이다.

기분이 좋아지는 대화를 하는 분들을 관찰하니 교수집단이었다. 그들의 대화는 연신 긍정의 말과 토론이었다. "이런 대화가 너무 재미있다. 우리가 아날로그를 쓸 때 참으로 낭만적이었어." "허허!" 웃으면서 계속 토론을 이어갔다. 글씨를 쓰는 토론주제는 편지를 추억하게 하는 듯한 생생한 그림으로 떠올랐다. 그들은 대학생들을 가르치다 보니 요즘 학생들이 손으로 글씨를 쓰지 않아서 손 근육이 예전과 달라졌다고 염려했다. '아날로그와 디지털의 진화에 따른 손글씨와 근육의 변화', 나름대로 글쓰기 주제와 비슷하여 생각에 잠겼다.

예전에 우리는 펜과 종이를 항상 들고 다녔다. 손으로 글씨를 쓰면서 뇌에 입력하는 암기를 했기 때문이고 메모해서 선생님들이 하는 말을 받아 적어야 했기 때문이다. 하지만 이런 인풋Input이 없는 아이들의 성격은 급하고 기다려 주지 못한다. 빨리 팝업pop-up이 되는 스마트 폰이나 인터넷을 하고 있어서 언어와 쓰는 말이 예전과 달리 급해진 것이다.

종이와 펜은 배움과 성장을 지속하게 해준다. 교양 있는 말투를 쓰는 집단의 대화가 배움과 성장으로 가득했다면, 남을 욕하고 불평하는 집단의 대화는 배움과 성장이라기보다는 좌절과 걱정과 낙담과 두려움이었다. 종이와 펜으로 무엇인가 쓰는 집단은 배움과 성장을 즐기는 사람들이다. 그들이 성공확률이 높은 이유는 글을 쓰는 과정을 통해서 인생을 수정하여 얼마든지 새롭게 도전할 수 있기 때문이다. 종이와 펜으로 현재 자신의 상태를 집중적으로 종이에 적어서 새로운 도전을 위한 행동을 하지 않으면 변화는 잘 일어나지 않는다. 글씨를 쓰는 행위는 뇌를 발달시키는 행위다.

왜 성공한 사람들은 하나같이 일어나서 글을 쓰고 감사 일기를 꼭 쓴다고 할까. 처음부터 글을 잘 썼기 때문은 아니다. 그들은 매일 하루 몇 줄이라도 꼭 글을 쓰는 것이 습관이 되었기 때문이다. 종이와 연필이든 펜이든 삶에서 일어나는 소소한 일에 감동할 것에 대해서도 쓰고, 기억해야 할 일들에 관해서도 쓰고, 불안을 잠재우기 위해서라도 쓴다.

요즘은 사회가 불안감에 휩싸여 미래가 어떻게 될지도 모른다고 두려워하는 사람들이 많다. **불안에서 벗어나는 가장 좋은 방법은 항상 펜과 종이를 들고 다니는 것이다.** 어떤 생각이 들어왔을 때 바로 그 순간에는 아무 문제가 안 생긴다. 하지만 생각이 자꾸 꼬리에 꼬리를 물면, 기분이 걷잡을 수 없을 정도로 불안해진다. 그럴 땐 지금 바로 종이와 펜을 들고 이 순간의 좋은 일에 집중하여 감사할 점을 써보자. 그러면 의외로 지금의 상황이 그리 불안하지 않다는 것을 눈으로 보게 될 것이다.

타임스지가 선정한 20세기의 가장 위대한 인물인 오프라 윈프리Oprah Winfrey는 항상 수첩을 휴대하고 감사할 점들을 기록한다. 그의 하루는 감사

일기로 시작하는 것이다. 이 습관을 20년 이상 하루도 빠짐없이 실천한다. 그녀는 이 습관으로 인생이 더욱더 멋지고 흥분되고 놀라운 일들이 많이 일어난다고 했다. 오프라 윈프리도 처음부터 그렇게 거창하게 쓰지 않았다. 불행했던 어린 시절을 극복하기 위해 삶에서 감사한 점들과 "나는 누구인가"에 대한 질문에 끊임없이 답을 하다 보니 세상을 움직이는 여성이 된 것이다. 그녀의 1996년 10월 12일의 감사 일기는 1분 해피어 습관으로 1분 만에 적어 내려갔다.

1. 부드러운 바람
2. 플로리다섬 달리기
3. 벤치에 앉아 차가운 멜론 먹기
4. 오랫동안 절친 인 게일과 수다 떨기
5. 콘에 담긴 셔벗(sherbet)
6. 너무나 달콤했음
7. 마야 엔젤루가 전화해 시를 들려줌

세계 최연소 노벨 평화상 수상자인 말랄라Malala는 넉넉하지 않은 가정에서 태어났다. 그러나 그녀는 따뜻하고 사랑이 넘치는 가정에서 자라는 행운을 얻었다. 말랄라의 부모님은 말랄라에게 자존감을 심어주었고, 그런 분위기 속에서 그녀는 자신감 있게 자라났다. 여성을 존중하지 않는 이슬람 문화에서 자신의 목소리를 내고 주장하는 일은 상상도 할 수 없었지만, 그녀는 해냈다. 수시로 폭탄이 터지고 곳곳에서 폭격이 이어지는 가운데 세계를 향해서 자신의 목소리를 냈다. 말랄라는 연설에서 자주 다음과 같은 말을 한다.

"어린이 한 명과 선생님 한 분, 책 한 권(종이)과 펜 하나만 있으면 세상을 바꿀 수 있습니다."

종이와 펜을 들고 글씨를 써보자. 모든 것에는 끝이 있음을 알게 되고 결국 불안이나 두려움은 사라진다. 쓰고 나면 휴지통에 쓰레기를 버리듯, 우리 안에 알 수 없이 마음속에 돌아다니는 쓰레기를 주운 후, 휴지통에 버리는 습관을 들이게 될 것이다. 돈을 들이지 않고도 심리 치유가 일어나는 방법이 펜과 종이다. 글씨를 종이에다 쓰는 행위는 지금 당장 행복해지는 1분 해피어 습관이다. 규칙적으로 의도적으로 잠깐씩 멈춰서 하늘에 구름이 떠 있는 것에 대해 감사할 수도 있고, 가족이 있고, 친구가 있고, 건강한 호흡이 있다는 것에 감사하며 적을 수 있다.

아침에 일어나자마자 1분 감사한 점들을 적는 것은 큰 성공을 가져다줄 수 있다. 한 줄이라도 좋다. 익숙하면 세 줄도 좋다. 세상을 움직이는 거대한 타이탄Titan, 아주 건장하고 지혜로운·중요한 사람들은 아침 5분은 반드시 일기를 쓴다. 그것도 반드시 종이와 펜으로 일기장에 손가락 근육을 섬세히 느끼면서 쓴다. 앞에서 언급한 즐거운 대화를 하는 교수들도 논문을 쓰기 위해선 종이와 펜으로 생각을 일단 명확하게 하는 쓰기 습관이 있다는 것을 유추할 수 있다.

다음과 같은 질문에 대한 대답을 일기장에 적어보는 것으로 아침 1분 해피어 습관을 실천해보자. 행복이 마음의 문을 노크할 것이다.

> **아침에 일어나서 지금, 이 순간 여기에서 진심으로 감사한 점 3가지는?**
>
> 1. _____
> 2. _____
> 3. _____
>
> **오늘 하루를 더 행복하게 만들기 위해서 꼭 하고 싶은 활동 3가지는?**
>
> 1. _____
> 2. _____
> 3. _____
>
> **이 중에 오늘 중으로 반드시 한 가지를 해야 한다면?**
>
> _____

이런 간단한 질문에 대한 답을 종이와 펜을 들고 어딜 가든지 적는다면 하루가 어떻게 변할까? 1분 해피어 습관으로 성공한 사람들의 대열에 들 것이다. 밤이나 낮이나 아침이나 항상 미래에 대한 불안이나 과거에 대한 후회라는 친구를 많은 사람이 데리고 다닌다. 그러나 펜과 종이를 들고 글씨를 쓰는 사람들은 그 친구들이 끼어들 틈이 없다.

감사하는 사람들, 사랑하는 가족, 애완동물, 행복했던 일들을 적을 수 있지만 범위를 한정시킬 필요는 없다. 도움을 주었던 사람들, 지금까지 성취해서 행복했던 일들, 오늘 내게 주어진 놀라운 기회, 단순한 것들, 어제 했던 일의 반성 등 종이에 쓸 수 있는 종류는 무궁무진하다. 책을 읽고 마음에 와 닿았던 문구를 적는 것도 좋다. 중요한 것은 매일 1분이라도 종이와 펜을 들고 머릿속에 들어있는 생각을 객관적으로 꺼내서 적어보고 자신 안에 원치 않는 감정들을 휴지통에 버리고 감사하고 좋은 것들에 집중하게 하는 간절히 바라는 것들을 써보는 것이다.

만약 시간을 더 들이고 싶어서 저녁에도 일기를 쓰고 싶다면 다음과 같이 심화 과정을 적용해서 펜과 종이(스터디 카드)에다 써서 들고 다니면서 보는 것도 좋다. 일의 성공을 위해서 잊지 않고 기억하게 해주는 것이 종이와 펜이다. 자기 전에 일과 카드를 스터디 종이나 일기장에 적고 자면 아침에 일어나서 행동력이 빨라진다. 자기 전에 반드시 쓰고 잔다. 이것이 1분 해피어 습관의 비밀이다. 이 간단한 행동이 여러분을 작가나 원하는 꿈을 이뤄줄 수 있는 가장 강력한 무기다. 종이와 펜으로 뭐든지 창조할 수 있다. 여러분을 큰 성공자로 만들어줄 수도 있다. 다음의 1분 해피어 습관도 꼭 매일 실천해보자.

아침 루틴

〈ABC 일과 카드〉　　　20　년　　월　　일

	나는 ABC 이 일과를 중요도 순도로 오늘 안에 반드시 해낸다.	달성률
A	**가장 중요한 목표**	%
B	**중간 정도 와 닿는 목표**	%
C	**세 번째로 하고자 하는 목표**	%

저녁 자기 전 루틴

자기 전에 반드시 피드백하고 잘 것

1	
2	
3	

기적의 아침 1분 습관을 실천하는 7가지 방법_다섯 번째

HAPPIER
Imagine, 희망차고 밝은 미래를 1분 상상한다

나는 세상에 선한 영향력을 끼치는 (　　　)가 되겠다.
내가 세상에 태어난 목적은 세상에 도움이 되는 일을 하여
기본적인 생활에 필요한 돈을 벌 수 있기 위해서다.
매일 아침 1분 행복한 습관은 세상에 큰 가치와 부를 가져다줄 것이다.
아침 기상 후 1분은 이 욕구를 가슴 깊이 심장에 새기고 집중하겠다.
그 시간 동안 목표를 달성하기 위해 어떤 일을 할지를 매일 종이와 펜으로 쓰겠다.

> 쓰면서 상상하겠다.
> 이미 그 모든 것이 이루어진 상태가 된 내 모습을.
> 나는 영향력 있고, 사람들을 끌어당기는 (   )가 될 수 있다고 확신한다.
> 그 어떤 것도 내 목표를 방해하지 못한다.

괄호 안에 여러분의 인생에서 단 한 가지 이것만은 꼭 이루고 이 세상을 떠나겠다고 하는 걸 적어보라. 이것은 여러분의 사명이다. 만약 이것이 확립되지 않으면 미래에 노년을 걱정하고 은퇴자금을 걱정하고 평생 돈 걱정을 하면서 살게 될 수 있다. 만약 괄호 안에 한 가지를 찾으면 여러분은 평생 건강하게 타인에게 봉사하고 후회 없는 인생을 살게 될 것이다.

성공한 사람들의 공통점은 이렇게 **자신이 무엇을 좋아하는지 간절히 바라는 것을 상상하고 시각화하는 것**이다. 이미지로 생생하게 상상할 때 주로 글을 많이 쓰기도 하지만, 사진이나 시각화 자료를 이용한다. 자신이 바라는 것이 확실하고 명확한 사람들은 마음에 이미지로 저장되어 영화처럼 보이기 때문에 시시각각 시각화한다고 보면 된다.

이 시각화가 왜 중요하냐면 어떤 막연해 보이는 아이디어나 영감을 보이는 이미지로 실체화해서 현실에 나타나게 하기 때문이다. 높은 지위와 거대한 부를 쌓은 사람들은 상상력의 대가였다. 앤드류 카네기 Andrew Carnegie 는 성공에서 상상력을 가장 중요한 요소로 뽑았다. 카네기는 범상한 것을 상상하는 능력의 소유자였다. 우선 명확한 목표를 설정하고 이를 실현할 수 있도록 잠재의식의 확언 문구를 자기 전에 외치고 상상하며 잤다.

이미 바라는 것이 되어있는 모습으로 생생하게 그릴 수 있는 사람은 원하는 것을 더 빨리 끌어당긴다. 상상력은 오직 세상에 이익을 줄 수 있는 것이 되어야 한다. 만약 누군가에게 해를 끼치는 상상력은 파괴하는 힘이 있다. 자신의 소명을 찾는 의식으로 상상력을 발휘하면 좋다. 다음 질문을 해보자.

1. 나는 무엇을 할 때 행복한가.
2. 나는 무엇을 할 때 시간 가는 줄도 모르고 몰입하는가.
3. 나는 누구인가.
4. 나는 미래의 직이 아니라 사명인 업을 택할 때 돈을 주지 않는 일이라도 반드시 하고자 하는 목표는 무엇이 있는가.

이 단 하나의 사명을 택해서 매일 바라는 것이 이루어진 모습을 상상한다.

《생각의 비밀》,《김밥 파는 CEO》,《돈의 속성》을 쓴 김승호 회장은 아침 1분 해피어 습관을 매일 실천한다. 그의 ( ) 괄호 안의 세상에서 단 한 가지는 (세상에서 가장 큰 도시락 회사)였다. 그는 아침, 점심, 저녁으로 이 회사를 어떻게 만들까 상상했다. ( ) 괄호가 상상력을 훈련하게 해줄 것이다. 여러분의 (   ) 괄호는 무엇인가.

부처는 "내 자신은 지금 마음속의 내 생각과 상상의 소산"이라고 했다. 결국 부처는 그 사실을 완전히 깨달았기 때문에 죽기 전에 이렇게 말을 하고 열반에 드셨다.

> "내가 뭐라고 했느냐? 세상의 모든 것들을 순식간에 다 사라진다고 하지 않았느냐? 너 자신을 믿고 의지하여 부지런히 사명을 다하기 위해 매일 아침 1분 해피어 습관을 실천해서 생의 마지막 날을 준비하라." - 열반경

'자등명법등명自燈明法燈明 - 타인을 의지하지 말고 법과 자신을 의지하라'이란 말을 남기고 떠나신 세상에서 가장 존경받는 고타마 싯다르타는 자신의 생각과 정진으로 이 세상을 환한 빛으로 빛나게 하고 돌아가셨다. 미래는 알 수 없지만, 상상으로 마음속에 어떤 것이라도 생각하면 다 이루어진다. 부처는 "마음속에 이미지로 품으면 반드시 현실에 나타나니, 오직 좋은 것을 그리고, 좋은 것을 만들고, 좋은 것을 사회에 주라"라고 했다. 자신이 세상을 비추는 거울이기 때문에 오직 마음 안에 상상을 바로 하고 생각을 바로 해서 정진하고 또 정진하라고 했다.

성공한 사람들, 행복하고 풍요로운 삶을 사는 사람들은 꿈을 끊임없이 시각화한다. 이미지로 선명하게 그린 것들을 미래의 운명을 풍성하게 해준다. 라이

트 형제 Wright brothers가 비행기를 상상하지 않았더라면 인류는 아직도 바다에서 배를 타고 타국을 가야 할 것이다. 에디슨 Edison이 전구를 발명하지 않았더라면 이 많은 인류의 진보적인 발전물인 컴퓨터를 쳐다보지도 못했을 것이다. 윌리엄 벨 William Bell이 전화를 발명하지 않았더라면 친한 사람들의 안부를 묻지도 못하고 편지로만 전했을 것이다. 빌 게이츠 Bill Gates가 윈도우를 만들지 않았더라면, 세계가 하나로 이어지지도 못했을 것이고, 포드 Henry Ford가 자동차를 만들지 않았더라면 우리는 이렇게 빨리 어딘가를 문전 연결성 Door to door이 뛰어나게 이동하지 못했을 것이다.

이 모든 인류의 발명품은 누군가의 상상이었다. 철도, 항만, 휴대폰, 전화기, 우리가 누리는 모든 편리한 물건들은 누군가의 아침 1분 상상의 번뜩이는 아이디어였다. 그들이 했다면 당신도 할 수 있다. 아침 일찍 일어나서 1분 안에 여러분의 간절한, (　) 괄호 안에 집어넣을 단 한 가지가 뭔지 생각해 보라. 이 책을 읽으면서 혹은 다른 일을 하면서도 꼭 하나의 상상을 한다면 뭘 남기고 이 세상을 떠나고 싶은지 찾길 바란다.

간절한 단 한가지를 찾는 가장 쉬운 방법이 있다. 여러분에게 지금 당장 별똥별이 떨어질 때 간절한 소원 하나를 빌라고 한다면 뭘 떠올리겠는가?

나는 답은 _____ 이다.

행운을 빈다.

> 기적의 아침 1분 습관을 실천하는 7가지 방법_여섯 번째

HAPPIER
Exercise, 간단한 동작을 1분 동안 운동한다

> "1분 해피어 운동! - 앞으로 더 행복해고자 한다면, 딱 1분만 움직여라."
> -엄남미

1분이 적다고 생각하는가. 모든 성공의 시작은 작은 한 걸음이고 작은 시작이었다. 1분은 60초이다. 1초는 0.01초가 쌓여서 1초가 된 것이고 1분은 60초가 쌓여서 1분이 된 것이다. 이 짧은 시간은 계속 흘러가고 있다. 시간이 계속 주어지는 상황 속에서 생각만 하는 것이 아니라 바로 움직여 1분만 움직임을

다르게 하는 것이 운동이다. 운동하면 내면에서 에너지가 바뀌어 지금 여기로 돌아오게 한다.

50대가 지나면서 많은 중년이 건강을 위해 운동하려 한다. 40대에 습관이 안 되어 있으면 운동하기 쉽지 않다. 하지만, 성공한 사업가 김승호 회장이 말하기를 "젊음을 부러워하지 마라. 자기 나이보다 남의 나이를 계속 부럽다고 생각하는 것은 이미 그 나이를 가져본 사람으로서 할 행동이 아니다"라고 했다. 이 놀라운 통찰은 1분 해피어 법칙에 관해서 설명한다. 오늘 당신의 모습이 인생 전체를 통틀어 가장 젊은 날이라고 하여 운동할 수 있는 이유를 충분히 설명한다.

김승호 회장은 "다른 사람에게는 거짓말을 해도 자신에게는 거짓말을 하지 마라."라고 하며 운동할 시간이 없다는 이 소리는 집어치우라고 한다. 계속 내면에서는 운동하라고 하는 소리가 들리는데 자꾸 게으름으로 피우면 병원비가 더 들 것이다. 만약 책을 읽어 운동이 필요하다는 동기부여를 받는데도 여전히 변화가 없다면 목표를 점검해야 한다. 가령 너무 큰 운동 목표를 세워서 마라톤을 완주해야 한다고 생각한다. 전 구간 42.195km를 뛰기 위해서는 100미터에 1분 운동이라는 시간 계산이 필요하다.

먼저 가장 작게 1분 동안만 움직일 수 있는 거리를 측정해서 1분만 성공하는 것이 운동 목표 성공이다. 1분이 하루 이틀 쌓여서 완주가 된다. 목표도 마찬가지다. 너무 큰 운동 목표는 항상 헬스클럽에 기부만 하게 만든다. 집에서 일어나자마자 1분 동안 팔 벌려 뛰기 10개, 혹은 1분 동안 팔굽혀펴기 3개 등으로 **실패할 수 없는 가장 작은 단위의 움직임을 딱 1분만 하고 성공의식을 잠재의식에 새기는 것이다.** 모든 성공은 1분에서 만들어진다. 꾸준히 매일 정해진 목표를 운동해 체력을 쌓아나가는 것이 운동이다. 절대 거창해서는 안 된다. 시작도 전에 의지가 약해진다.

영국 매체 〈텔레그래프〉는 2015년 11월 2일 자 기사에서 성공하는 사람들의 1분 해피어 습관을 다루었다. 세계지식포럼 WEF의 발표 자료를 인용한 기사에 따르면, 성공한 사람들은 아침 식사를 하기도 전에 이미 열네 가지 일을 해낸다. 아침 1분의 시간을 어떻게 보내느냐에 따라 성공 여부가 정해지는 건 당연하다고 할 수 있겠다. 성공한 사람들은 "아침 운동, 가족과 짧게라도 시간 보내기, 물 마시기, 가장 중요한 업무 처리, 침대 정리, 명상, 감사할 일 메모, 이메일 확인, 하루를 계획하고 신문을 읽는다."라는 것이 공통 1분 해피어 습관으로 나타났다. 전에 버렸던 아침 1분을, 1분만 더 행복한 습관에 투자하면 삶의 에너지가 크게 바뀐다. 1분에 불과한 그 시간이 어떻게 크게 삶을 바꾸냐고 물을 수도 있다. 낙숫물이 바위를 뚫는다. 1분 습관은 낙숫물이다. 큰 바위도 뚫린다. 지속해서 계획하고 실천하면 성공도 반드시 온다.

『시간 창조자』의 저자 로라 밴더캠(Laura Vanderkam)은 기업 임원 중 열에 아홉은 아침 6시 이전에 일어난다고 설명한다. 잭 도시(Jack Dorsey) 트위터 CEO

는 아침 5시 30분에 일어나 조깅한다. 뉴저지 네츠(현 브루클린 네츠)의 CEO는 아침 3시 반에 일어난다. 버진 아메리카의 CEO 데이빗 커시(David Keirsey)는 4시 15분에 일어난다. 일찍 일어난 기업의 경영자들이 공통으로 아침에 들인 습관은 1분 해피어 운동이다. 그들은 운동을 통해서 신체적 젊음을 유지하려 한다.

버락 오바마(Barack Obama) 전 대통령은 첫 업무를 시작하기 전 두 시간을 운동하기 위한 시간으로 떼어두었다. 전 영부인 미셸 오바마(Michelle Obama)도 새벽 4시에 일어나 운동한다. 아이들을 돌보기 전에 자신의 체력을 길러주는 근육 운동을한다. 미국의 로빈 샤르마(Robin Sharma)는 아침 1분 해피어 습관의 신봉자이다. 그는 《5AM CLUB》을 창설하고 5시 이전에 일어나 가장 먼저 운동한다.

조코 윌링크(Jocko Willink)는 미 해군 네이비실 팀3 태스크 유닛의 사령관이었다. 그는 아침 4시 30분에 일어나 곧바로 체육관에 가서 한 시간 정도 기진맥진할 정도로 운동을 하고 30분 조깅하며 운동을 끝낸다. 세계적인 리더의 공통점은 해피어 1분 습관을 지속함으로써 수많은 업무를 해낼 수 있는 체력을 다졌다는 것이다.

무라카미 하루키(村上春樹)는 매일 아침 4시에 일어나 10km를 달린다. 그의 소설이 매번 베스트 셀러가 되는 데에는 이유가 있다. 아침 운동을 하면서 하루 중 스트레스에 대처할 수 있는 체력을 기르는 것이다. 어떤 분야에서건 성공하기 위해 가장 중요한 요소인 체력이 이미 아침에 형성되는 것이다. 운동을 통해서 몸과 마음과 영혼이 강해지면 어떤 일도 잘 헤쳐 나갈 수 있는 긍정성이 생겨난다.

뇌신경학자인 구보타 기소久保田競는 아침 1분 해피어 습관에서 운동이 빠질 수 없는 이유를 과학적으로 설명한다. 학창 시절에 운동했던 사람이라도 30세를 기점으로 '최대 산소 섭취량'이 해마다 약 1% 떨어진다고 한다. 최대 산소 섭취량은 사람의 신체가 산소를 얼마나 받아들일 수 있는지 나타내는 것이다. 이 수치가 높을수록 몸의 지구력이 좋았다. 뇌세포는 혈액에서 영양분이나 산소를 거둬들여 에너지로 만든다. 따라서 뇌의 쇠퇴를 최대한 막으려면 이 '최대 산소 섭취량'의 저하를 막는 운동이 중요하다. 1분 해피어 운동 습관은 최대한 산소가 몸에 적절하게 운용되도록 할 것이다.

아침에 일어나기가 힘들고 운동할 시간이 없다는 사람들은 아침에 눈을 뜨고도 이런저런 일어나지 못할 핑계를 찾는다. '일단 일어나는 것'이 운동이다. 몸을 움직이는 신체 활동은 뇌를 깨운다. 뇌의 최고 중추인 전두전야前頭前野는 몸을 움직임으로써 활성화되기 때문이다. 그래서 운동하면 머리가 좋아진다고 하는 것이다.

'텔로미어 Telomere'라는 노화 시계가 있다. 이 시계는 남은 길이로 개체의 수명을 예측할 수 있다. 운동하면 '텔로미어'가 짧아지지 않아 노화를 늦출 수 있다. 운동을 통해 젊음을 유지하고 수명을 9년이나 연장할 수 있다는 연구 결과가 있다. 1999년 미국 미시시피대학과 샌프란시스코대학의 공동 연구를 통해 1분 해피어 운동습관이 '수명 연장의 비밀'임이 밝혀졌다. 20세에서 89세 사이의 6,503명을 대상으로 걷기와 같은 저강도, 자전거나 달리기와 같은 중간 강도, 웨이트트레이닝 weight training과 같은 고강도 운동을 한 사람들의 '텔로미어' 길이의 감소를 측정했다.

아예 운동을 안 한 사람보다 걷기 같은 운동이라도 한 사람은 텔로미어 감소율이 3% 줄었다. 두 가지 이상의 운동을 한 사람들은 테스트 점수가 조깅하지 않은 사람보다 더 높다는 연구 결과도 있다. 몸을 움직이면 머리가 좋아진다. 그래서 아침에 눈을 떴을 때 될 수 있는 대로 몸을 먼저 움직여주는 것이 중요하다. 그 자리에서 일어나서 팔을 벌리고 '야호, 일어났다!' 라고 소리쳐보자.

하루 1분간 콩콩 점프한 것을 '성공'이라고 잠재의식에 새긴다. 운동을 지속하기 위한 '잠재의식의 변형 방법'은 '아주 작게 시작하여 점점 크게 늘려가는' 것이다. 잠재의식을 처음부터 너무 크게 자극하면 쉽게 포기하게 된다. 아주 작은 성공 습관을 뇌세포에 입력하면 그때부터 점점 더 할 수 있는 힘이 생긴다. 일단 아침에 일어나면 화장실에 가서 1분 해피어 운동 습관을 실천한다. 스쿼트 squat 10초 한 개, 푸시업 Push-up 10초 1개, 플랭크 plank 10초부터 시작해보자. 딱 1분만 시작해보자.

> 기적의 아침 1분 습관을 실천하는 7가지 방법_일곱 번째

HAPPIE**R**
Read, 바빠도 반드시 한 줄 1분 독서한다

책을 읽으면 삶의 질과 격식이 달라진다. 누구든 아침 1분 해피어 독서를 하면 더 나은 존재가 되고 더 부자가 되고 더 풍요로운 삶을 살 수 있다.

1분에 책을 한 권 읽을 수 있다면 믿겠는가. 독서의 정의를 이렇게 내리고 싶다. **만약 책 한 권에서 인생을 송두리째 바꿀 한 문장을 뽑아낸다면 그 독서는 책 만권을 읽은 것과 같다.** 단, **그 인생을 송두리째 바꿀 독서 문장을 매일 실천해 옮길 때만 만권을 읽은 것과 같다.**

많은 사람이 독서를 어렵게 생각한다. 책을 왜 읽는가. 지금보다 더 나은 행복한 삶을 살기 위해서 아닌가. 1분 해피어 습관 중에 반드시 실천해야 할 습관이 바로 '독서'다. 아침에 일어나서 아무것도 읽지 않는 사람과 삶에 도움이 되는 인생 문장을 뽑아 잠재의식RAS 망상활성계에 주입해서 매일 삶을 바꾸려고 노력하는 사람의 미래는 완전히 달라진다.

이 세상에서 책을 가장 재미있게 읽는 행복한 사람인 영화평론가 이동진 씨의 《닥치는 대로 끌리는 대로 오직 재미있게 이동진 독서법》에서는 자신에게 가장 와 닿는 재미있는 책을 읽어야 한다고 강조한다. 만약 소설책에서 인생 문장을 만난다면 그 소설책은 자기계발서 수십 권을 읽은 것보다 더 삶을 크게 바꿀 수도 있다. 그렇다고 매일 소설책만 읽지 않을 것이다. 의식의 자각이 오면 더 성장하고 싶기 때문이다.

책을 사랑한다는 이동진 작가는 가지고 있는 책이 23,000여 권이다. 상당한 책이 서재에 있지만 구매 후 단 한 번도 읽지 않은 책도 있고, 서문만 읽은 책도 있고, 부분만 찾아서 읽은 책도 있는데 그 모든 것이 독서라고 한다. 우리는 책은 반드시 처음부터 끝까지 정독해서 읽어야 한다고 어디에서 들었는지 근거 없는 독서법을 각인 시켜 놨다.

그 결과 읽는데 흥미가 없어서 독서를 포기할 정도로 독서 초기에 읽어서는 안 되는 수준 높은 책을 읽다가 재미없어서 던진다. 그래서 독서는 의지를 다

지고 집중해서 읽어야 한다는 고정관념 때문에 독서는 독종이 한다고 생각한다. 그러나 독서 고수인 이동진처럼 책을 고르고 사서 책장에 꽂는 것까지 책과 관련된 모든 순간을 샅샅이 사랑하는 사람이 되려면, 아침에 일어나서 무조건 1분 해피어 습관을 실천하다 보면 독서의 고수가 된다. 이동진 독서광처럼 책을 욕조에 들고 가서 7시간, 8시간 볼 수 있게도 된다.

> 아침 1분의 에너지와 기운을 무시하지 말자.
> 1분을 수련하면
> 자각의 에너지가
> 1분 동안 생성된다.
> 그 에너지는
> 외부에서 들어오는 것이 아니라
> 우리의 내부에서 발생한다.
> 자각의 에너지는
> 우리를 지금 이곳에,
> 오직 지금 이곳에서만
> 있게 해주는 에너지다.
> - 틱낫한 스님

1분은 삶의 큰 전환이 올 수도 있는 시간이다. 우연히 책을 주변에 놨다가 어느 순간 표지의 제목이 끌려서 봤는데 책 안에서 우연히 인생을 크게 바꿀 한

마디를 발견할 수도 있다. 그 한마디를 종이와 펜을 들고 1분 해피어 습관을 결합해 손으로 적는다. 독서하고 기억에 남지 않는다고 하는 독자들이 있다. 그럴 때는 독서를 하고 나서 한 줄이라도 꼭 기억하고 싶은 문장을 적어두고 보이는 곳에 붙여두라.

손끝에 뇌가 있어서 기억을 잘 할 수 있게 도와준다. 설거지를 하면서 1분 해피어 독서 문장을 읽으면서 사색할 수 있고, 화장실 문 앞에서도 읽을 수 있고, 휴대폰 메모장에 저장해 둘 수도 있고, 다양하게 독서 활동을 할 수 있다. 자신이 좋아하는 방법으로 독서를 하면 된다.

독서는 개인의 경험을 뛰어넘게 해준다. 우리가 이 제한된 시간 속에서 경험할 수 있는 것은 극히 제한되어 있다. 하지만 책은 제한이 없다. 다양한 경험을 하게 해줘서 삶이 다양해진다. 실제로 경험을 안 해봐도, 경험을 한 작가가 전해주는 이야기들이 생생하면 같이 경험하게 된다. 세상에 목표를 이룬 사람들, 성공한 사람들이 많은데 그들이 하나같이 공통으로 하는 행위는 1분 해피어 독서다.

워렌 버핏Warren Buffett은 하루에 대여섯 시간을 신문과 책 읽기에 투자한다. 마크 저커버그Mark Zuckerberg는 페이스북 회원들과 온라인 독서 토론을 한다. 빌 게이츠Bill Gates는 그렇게 많은 책을 읽었어도 또다시 블로그에 책을 읽고 글을 남긴다. 우리나라의 세종대왕도 소문난 책벌레였고, 이순신 장군도 늘

책을 곁에 두고 살았다. 인간의 지적 능력을 향상하고 인격을 수양하는 방법 중에서 가장 쉽고 간단한 방법이 독서다. 독서가 습관이 안 되어 있다면 하루에 1분만 투자해서 주변에 널려 있는 책을 꺼내 활자를 읽는 것으로 작게 목표를 정하자. 그러면 책에서 다음 단계를 안내해 줄 것이다.

만약 1분이 습관화된다면 인나미 아쓰시印南敦史가 쓴 《1만권 독서법》을 읽어보자. 독서에 관한 고정관념이 1분 안에 깨질 것이다. 자아의 의식이 해체되고 책을 읽는 방법이 다양하게 있으니 책을 읽어볼 흥미가 생길 것이다. 해피어 1분 독서 습관이 1만 권 독서를 가능하게 한다. 인생은 책을 얼마나 읽었느냐 혹은 한 권이라도 깊이 읽었느냐 혹은 그래서 삶이 변화되었느냐에 따라서 달라진다. 시작은 1분 해피어 독서 습관이다.

꼼짝할 수 없는 상황에서
모든 일이 불리하게 펼쳐질지라도
절대 포기하지 마라.
더는 1분도 버틸 수 없을 것 같을지라도
절대 절대 절대 포기하지 마라.
바로 포기하지 않고 바로 1분간 더 행복한 습관으로
관점을 바꿀 때 흐름의 판도가 바뀔 것이다.

제 5 장

아침 1분
HAPPIER 습관을 통해
성공한 위인들

> 아침 1분 HAPPIER 습관을 통해 성공한 위인들

#01
빌 게이츠
: 전 세계 1위 부자를 만든 아침 1분 습관을 실천하다

　빌 게이츠와 워런 버핏Warren Buffett은 아주 친한 친구다. 이 둘은 아침 1분 습관으로 세상에서 가장 부자가 되었다. "동네의 도서관이 자신을 부자로 만들었다"라고 고마움을 표하는 빌 게이츠는 책을 자신의 성공 동인動因으로 보고 있다. 당연히 친구인 워런 버핏도 세상에서 가장 부자 투자자다. 항상 둘은 자주 붙어 다닌다.

　'주변의 친구 5명을 합친 것이 당신의 연봉이다'라는 연구 결과가 있듯이 부

자는 부자끼리 모인다. 성공 에너지가 공명하기 때문이다. 그들은 아침 1분 해피어 습관인 운동을 하고 탁구를 함께 치는 등 재미난 방식으로 삶을 산다. 세계 기아 종식을 위한 기부 클럽도 운영하고 있다.

빌 게이츠는 다독多讀하는 것으로 유명하다. 다독을 배우기 위해서 뇌 전문가 짐 퀵Jim Kwik을 찾아가 속독법을 배우기도 했다. 이미 세상에서 가장 독보적인 존재로 많은 사람에게 크게 이바지했는데도 계속 배우고 성장하고자 한다. 그는 휴가지에서도 독서로 시간을 보낸다. 독서 휴가나 생각 휴가를 위해서 통나무집에서 1달 동안 아무하고도 연락하지 않고 독서하고 명상하기 위해 시간을 보내기도 한다.

워런 버핏은 매년 약 50권의 책을 읽는데 인문학, 과학, 고전에 이르기까지 다양한 분야의 실화 책을 읽는다. 빌 게이츠도 블로그를 운영하면서 1분 해피어 습관인 쓰기를 병행하고 있다.

미국의 시사주간지 〈타임〉은 세계적으로 성공한 사람들의 공통된 아침 1분 해피어 습관을 조사했다. 모든 자수성가한 233명이 매일 의식처럼 치르는 공통된 습관 중 1번이 빌 게이츠가 말한 독서와 명상이다. 응답자 88%가 하루를 시작할 때 반드시 1분 이상을 독서한다. 바쁜 일정에도 불구하고 하루 30분 이상은 독서를 했다.

빌 게이츠같은 슈퍼리치 super rich 들이 책을 읽는 데 시간을 많이 보내는 이유는 다양한 경험을 통한 정보를 얻을 수 있기 때문이다. 배움과 지식과 성장을 위해서 계속 자신을 개발하고 발전시킨다. 그러니 더욱더 행복해지고 부자가 되어 집중적으로 사회에 이바지하는 사명과 가치 있는 삶을 살고 있다.

제프 베이조스 Jeff Bezos 와 빌 게이츠는 세상에서 가장 부자임에도 아주 작은 것에 신경을 쓰는 1분 해피어 습관의 실천자다. 그들은 자기 전에 반드시 1분이라도 설거지를 해서 깨끗이 마음을 정리하고 잔다. 아침 해피어 1분 습관을 실천하는 데 좋다고 생각해서 매일 루틴으로 수십 년 동안 작게 실천한다. 분 단위로 하루의 일정을 관리하는 사람들임에도 불구하고 사소한 작은 습관을 꼭 지킨다. 세계에서 가장 부자들의 습관은 어쩌면 1분이라는 작은 숫자에서 나올지도 모른다.

이들은 어마어마한 독서량을 통해 **부자가 되려면 사소한 작은 것에 신경을 써야 한다**는 것을 배웠다. '청소해야 한다. 책상을 치워야 한다. 자기 전에 할 일을 다 하고 편안하게 자야 한다. 자기 전에는 명상 상태에서 하루를 정리하고 편안하게 잠이 들어야 아침에 일찍 일어났을 때 행복한 1분 습관을 실천할 수 있다'는 것을 잠재의식에 심어서 매일 실천했기에 부자가 되었다.

빌 게이츠의 기상 시간은 3시였다. 크게 성공한 후에는 오전 6시 이전에 일어나지만, 그의 일과는 분 단위 즉, 1분 단위로 움직인다. 빌 게이츠는 길을 가

다가 100불 짜리 지폐가 떨어져 있어도 줍지 않는다. 자신의 1분당 시간이 더 소중하기 때문이다.

책을 읽는 많은 사람은 성공자들에게 배우길 바라니까 책을 읽는 것이다. 시간을 보내기 위해서 책을 읽는 사람도 있지만 대부분의 성공한 사람이 되어 성장하기 위해 책을 읽는다. 당신이 세상에서 가장 부자가 될 것이 아니라면 1호에서 배우는 것이 좋다. 세상에서 가장 부자이고 성공한 빌 게이츠가 1분 해피어 습관을 실천한다. 독서와 명상 등 1분 단위로 해피어 습관을 지속한다, 저녁에 아침을 위한 작은 행동, '설거지를 매일 하기' 등은 사소하지만 그 습관이 그를 부자로 만들어줬다. 그러면 여러분이 1호를 보고 지금 배워야 할 행동은 무엇인가.

비즈니스를 하고 전 세계에 질병을 종식하기 위해 자선 활동하는 1분이 바쁜 세계 최고의 부자의 설거지는 어떤 효과가 있을까? 선불교나 명상하는 수행자들은 설거지도 부처님의 법이라고 한다. 만약 설거지하기 싫어서 미루고 미루면 이는 부자가 되는 행동에 역행하는 것이다. 씻는 행동은 마음의 더러운 때를 벗기는 것과 같다.

틱낫한 스님은 설거지를 명상이라고 했다. 일부러 손에 닿는 물의 감촉을 느끼기 위해 하나하나 접시를 닦으면서 따뜻한 물의 감촉을 느끼며 느린 명상을 한다고 했다. 세상 사람들에게 뭔가 영향력을 끼치는 사람들은 1분 해피어 법칙을 예외 없이 실천한다. 자기 전에도 아침 1분 해피어 책을 읽는 습관을 실천하면 특히 효과적이다. ⟨Journal of College Teaching & Learning⟩지에 실린 연구 결과에 따르면, '독서가 혈압을 낮추고, 정신적 고통을 낮춘다'고 했다. 독서와 명상은 닮았다. 설거지도 명상이요, 걷기도 명상이요. 산책과 운동도 명상이요, 모든 것이 법이라 생각하고 작은 것을 소중히 대하는 습관은 부자를 만들었다. 반대도 마찬가지다. 작은 것을 소중히 하지 않고, 1분 해피어 습관을 실천하지 않고, 책을 읽지 않는다면 항상 결핍감으로 살게 될 것이다.

오랜 세월 빌 게이츠가 실천한 설거지와 독서 습관이 아침 1분 해피어 습관으로 연결된다면 여러분은 어떤 선택을 하겠는가.

> 아침 1분 HAPPIER 습관을 통해 성공한 위인들

#02

정주영 회장

: 아침 1분 습관으로 한국의 전설적인 경영의 신이 되다

    1992년 정주영 회장의 국민당 후보 시절 한국일보 기사에 다음과 같은 1분 해피어 습관이 소개되었다.

    정치인치고 하루를 늦게 시작하는 사람은 드물지만 정 후보는 어떤 정치인보다도 일찍 일어난다. 정치인 이전에 경제인 때부터 몸에 밴 습관이다. 1996년 11월 26일 새벽 3시 30분. 그는 일어나자마자 성공한 사람들의 공통 습관인 독서, 신문을 빠른 속도로 읽었다. 4시 10분 전날에 녹화한 뉴스를

10분 가량 시청한다. 4시 20분부터 10분간은 오랜 습관인 냉·온탕 목욕을 한다. 비서가 작성한 오늘의 일정과 연설 자료를 살펴보면 시간이 4시 40분이 된다.

아침 식사는 순두부, 멸치볶음, 더덕구이, 오이소박이, 김치, 숭늉으로 단출하다. 새벽 4시 50분, 젊은 시절부터 달리기가 습관이 되어 현대 헬스클럽에서 잠시 달리고 출근한다. 헬스클럽에서는 웨이트트레이닝, 스키 연습기, 자전거 등으로 유산소와 근육 운동을 20분간 한다. 약간의 땀이 나면 세수한다. 새벽 5시 25분, 당까지 출근은 5분 걸린다. 잠시 휴식한 후 6시부터 일과를 시작한다. 대중연설과 유세를 마친 후 자택에 들어온 시간은 저녁 8시 20분. 간단히 샤워를 마친 후, 9시 뉴스를 본 뒤, 일찍 잠을 잔다.

성공한 CEO들은 아침 일찍 일어나서 출근한다. 그들은 보통 사람들이 자고 있는 시간에 이미 사무실에 도착해서 조용히 해피어 1분 습관을 실천한다. 한국 고속도로와 미국의 고속도로를 조사한 결과에 의하면 고급승용차들은 새벽 5시에 출근한다는 조사 결과도 있듯이, 뭔가 큰 부를 성취하거나 세계와 나라에 크게 이바지하는 사람들은 5시를 기점으로 이전과 이후에 규칙적인 생활을 한다는 것을 알 수 있다. 경제인으로 크게 성공한 후에도 나라를 위해 정치에까지 뛰어들어 하루 24시간이 모자라게 훌륭하게 살다 간 정주영 전 현대그룹 회장, 그는 어린 시절부터 1분 해피어 습관을 실천했다.

CEO 최고 경영자들은 왜 아침을 중요시하는가. 대체로 회사의 큰 운명을 맡는 사람들의 아침은 굉장히 빠르다. 직원에게 보고받기 전에 세상에서 먼저 보고를 받기 때문이다. 업무 시간 전에 외신을 보며 간밤에 지구 반대편에서 일어난 일들을 챙긴다. 조용히 기도와 명상을 하면서 혼자만의 시간을 갖는다. 온종일 많은 업무를 처리해야 하므로 조용한 혼자만의 시간에 영감과 사업경영을 위해 자신을 먼저 수양한다. 아침 1분 해피어 습관 경영은 좁게는 임원뿐만 아니라 조직 전체에 영향을 준다.

정몽구 현대차그룹 회장도 아버지인 정주영 회장의 아침 1분 해피어 습관 덕분에 보통 새벽 6시에 양재동 본사에 도착한다. 임원들도 7시 회의에 도착하기 위해 6시 30분에 출근을 마친다.

현대에서 아침 경영이 빛을 본 것은 폭설이 내린 2010년이었다. 1월에 폭설이 25cm가 와서 온 길이 막혔다. 100년 만에 폭설이라서 시무식이 있는 대다수 기업은 연기를 했지만, 새벽에 나온 현대차그룹은 정각 8시에 시무식을 진행할 수 있었다.

필자는 항공사에서 근무했는데 미국 유나이티드 항공사에서 만약 비행기가 정시에 출발하지 않으면 얼마나 큰 돈의 손실이 있는지를 목격하고 시간은 금이고 돈이고 정말 중요하단 걸 체감했다. 원래도 약속은 항상 30분에서 1시간 일찍 가서 기다린다. 그 습관 덕분에 뭐든 다 합격하고 성공시키는 것도 시간의 중요성을 친정아버지께 배웠기 때문이다. 한 개인 경영이 아니라 수많은 사람을 거느리는 거대한 기업 경영은 시간이 정말 중요하다. 딱 1분이라도 만약 그 시간이 자신의 꿈을 이루는 시간이라고 생각해보라. 얼마나 소중한지. 시작은 딱 1분에서 시작한다.

단기적으로 보면 1분 해피어 습관은 중요해 보이지 않을 수 있다. 하지만 이것이 습관이 되면 세상을 움직일 수 있다는 것을 꼭 기억했으면 한다. 만약 지금 건강과 경제적인 상황과 모든 것이 원활히 움직이지 않는다면 지금보다 1분 일찍 일어나서 정주영 회장의 아침 에너지를 받기 바란다. 필자도 새벽 3시 기상을 7년간 하루도 빠지지 않고 했다. 그 결과는 예상외로 좋다.

하기 싫다며 포기하려는 마음에 이렇게 외치고 싶다. 정주영 회장을 대신해서, "이봐 그거 아침 1분 해피어 해봤어?" 사람들은 시도하고 안 된다고 말 할 때 한두 번 해 보고서 포기한 후 안 된다고 한다. 그러나 세계 정상의 사람들이 매일 실천한 좋은 습관을 보면서 우리는 한두 번 하고 안 된다고 말할 것이 아니다. 간디도 17시간 일하는 걸 60년이라는 평생에 걸쳐서 하면서도 한 번도 힘들다고 한 적이 없다. 여러분은 책을 읽는 이유가 무엇인가. 더 나은 행복한 습관을 들이기 위함이 아닌가. 그러면 딱 1분만 매일 해 보라. 달라진다.

> 아침 1분 HAPPIER 습관을 통해 성공한 위인들

#03
오프라 윈프리와 미셸 오바마
: 아침 1분 습관을 통해 세계 여성 1위가 되다

한창 오프라 윈프리 쇼를 진행하던 20년 간, 그녀는 새벽 5시에 일어나서 초월 명상 센터에 갔다. 초월 명상 센터로 운전해가는 그녀의 집 근처의 고속도로는 새벽 5시에 차가 꽉 막힌다. 이 놀라운 해피어 1분 습관 실천자들의 공동체가 미국에서 전 세계를 움직인다.

오프라 윈프리가 정기적으로 하는 일과 중에 아침 의식에서 가장 중요하게 생각하는 것이 명상이고 운동이다. 유명한 기업가의 아침 기적 의식과 똑같이

그녀도 아침을 항상 자기 전 해피어 1분 상상 습관과 독서로 의식을 크게 고양高揚한다. 자기 전에 숫자로 일어날 시간을 입력하면 정확히 그 시간에는 알람이 없어도 일어나게 된다고 한다. 이 습관은 하루 이틀 한 것이 아니라 오래전부터 스스로 훈련해 온 정신적인 1분 해피어 법칙에 의한 것이다.

그녀는 항상 알람이 없어도 6시 02분이라는 숫자를 보고 일어난다. 보통 6:02, 6:20에 자연이 알아서 깨워준다고 한다. 알람이라는 약간 불안하고 겁나게 하는 기계에 의지하지 않는 것이 그녀의 1분 해피어 습관이다. 자연에서 자연의 소리와 일어나는 것을 좋아한다. 인류의 오랜 아침 의식인 새벽에 해가 뜨면 일어나고, 해가 지면 자는 유형에 맞춰 일어나고 잠을 잔다.

자연에서 명상한다. 그녀는 아침에 일어나서 20분 정도 좌선을 하는 것으로 유명하다. 그녀가 최근 인터뷰하는 〈Supersoul Sunday〉의 출연자들이 전부 기도하고 명상하는 영성가인 것을 보면 그녀 자신이 명상하므로 그런 평화롭고 평안한 사람들과 연결되는 것이다. 그녀는 에크하르트 톨레(Eckhart Tolle), 《지금 이 순간을 살아라》 저자의 명상과 틱닛한 《걷기 명상》에 영향을 받았고, 마이클 싱어(Michael A. Singer)의 《상처받지 않는 영혼》의 새벽 3시 명상에서 영감을 많이 받았다. 게리 주커브(Gary Zukav)의 《영혼의 의자》는 그녀의 인생 책으로, 모두 명상하는 사람이다. 그녀 덕분에 많은 미국인이 동양의 좌선과 요가 명상, 걷기 명상한다.

그녀에게 명상은 긴장 완화가 되는 효과를 가져왔고, 일의 효율성과 혁신을 일으킬 아이디어와 영감을 가져오게 했다. 기회를 적극적으로 잡을 수 있는 추진력과 웰빙 well-being의 전체적인 의식이 아침 1분 해피어 습관이다. 무엇보다 자신을 행복하게 만들기 위한 아침 의식을 오랜 시간 지속해온 것으로 알려졌다. 그녀는 내면 깊은 곳에서 치유함으로써 많은 사람을 도왔고, 전 세계에서 가장 영향력 있는 여성 1위를 수년간 차지하고 있다. 나이에 비해 동안으로 보이는 이유는 반드시 아침 식사를 하기 때문이다. 운동 후 영양가 있는 것을 챙겨 먹기 때문이라고 한 방송 매체에서 말했다.

6시 20분에 일어나서 좋은 원두의 카푸치노나 양질의 차를 마신 뒤 50분 정도 운동한다. 운동을 마치고 아침 식사를 하기 전 20분 정도 명상한다.

오프라 윈프리는 자신이 누구이고 어디에서 왔다가 어디로 가는지를 생각하게 하는 액자를 거실에 걸어두고 매일 본다. 이것이 미라클맵 Miracle Map이라는 시각화 액자 기법이다. 항상 아침에 일어날 때 사명 비전보드 Vision Board를 뼛속 깊이 각인시킨다. 아프리카 노예와 흑인들이 몇백 불로 가치 매겨져 옥션에 팔리는 그림을 보면서 자신이 이 세상에 왜 존재하는지의 이유를 상기시킨다. 항상 남을 돕는 것을 사명으로 생각하는 오프라 윈프리는 1분 해피어 독서와 상상으로 남들이 실천하기 힘든 일들을 해낸다.

오프라는 반드시 아침에 자신에게 도전이 되는 글쓰기도 빼먹지 않고 한다. 감사일기는 17년 이상 매일 지속한 1분 해피어 쓰기 습관이다. 자신의 마음에서 쏟아지는 걱정과 불안의 감정들을 글을 통해 쏟아내면서 객관화시켰다. 그 자리에서 그런 감정들을 보게 만들어 마음을 평안하게 한다. 저널링 journaling은 빈 종이와 펜으로 자신의 머릿속에 있는 수많은 생각을 끄집어내 정리하게 한다. 해피어 1분 습관 중에 세상에서 가장 성공한 사람들은 언제나 종이와 펜을 준비해서 다닌다.

필자는 유나이티드 항공사에서 1등석 승객들과 비즈니스 승객에게 서비스를 했다. 그들의 행동을 유심히 관찰했다. 그들은 책과 종이 펜과 옷과 걷는 자세가 크게 달랐다. 20대 때에 그런 자세를 배우고 공부할 수 있는, 미국의 상류층 습관을 관찰할 수 있는 직업을 경험해 본 것에 대해 진심으로 감사한다. 그들은 굉장히 겸손하고 자세가 좋았다.

오프라 윈프리는 하와이 집에서는 5시 명상 센터에 가지 않고 아침에 일어나 저택의 자연 정원을 걸으면서 20분 정도 명상한다. 방송국 팀과 항상 명상하는 시간을 주기적으로 가지는 것이 그녀의 1분 해피어 습관이다. 하와이는 영적인 사람들이 정화를 많이 해 놓은 곳이라 필자도 일부러 가서 그곳의 에너지를 느껴보니 참으로 깨끗하고 맑은 곳이었다. 바다에서 달리기하고 명상하니 마음이 넓어지는 기분이었다. 매일 10km씩 달리고 바로 바다에 뛰어들어 수영했던 기억이 생생하다.

미국 44대 대통령인 버락 오바마 Barack Obama 는 '희망'과 '변화'를 주창해서 미국 최초로 흑인 대통령이 되었다. 오바마 대통령은 64%의 지지율로 2009년에 당선되었다. 불우한 어린 시절을 극복하고 대통령이 된 오바마는 그의 아내인 전 영부인 미셸 오바마의 해피어 1분 습관 내조 덕분에 당선되었다고 필자는 확신한다.

미셸 오바마는 아침 4시 30분에 일어난다. 그리고 체육관에 간다. 왜 그렇게 운동을 일찍 시작하냐는 기자의 질문에 그녀는 아이들이 일어나기 전에 자신만의 1분 해피어 습관을 통해 자신과 깊은 시간을 가져야 힘이 난다고 했다. 미국뿐 아니라 전 세계의 여성을 돌봐야 하는 영부인의 운명을 운동으로 극복했다. 그녀는 근육 운동을 슬렁슬렁하지 않았다. 강도를 높여 한계를 뛰어넘고 좀 더 시간을 오래 하여 운동할 때는 오래 할수록 자신에게 깊이 빠져들게 된다. 결과를 직접 체감하면 더 높은 레벨로 자신을 밀어붙이게 된다.

아침 식사로는 스크램블드 에그(Scrambled eggs)와 칠면조 소시지, 신선한 자몽을 먹는다. 아이들에게 가능한 모든 식사에 과일과 채소를 먹으라고 한다. 그러면 피자나 아이스크림을 먹어도 괜찮다는 것이다. 어떤 행동을 한 후에 본인들이 하고 싶은 행동을 해도 좋다는 보상 시스템을 적용한다. 좋은 보상이 습관이 되면 나쁜 습관은 점점 사라진다. 미셸 오바마의 매일 최우선 과제는 신체적으로든 정신적으로든 자신을 행복하게 만들어주는 것이다. 모든 행동(루틴)은 이 하나의 목적으로 연결돼 있다. 성공한 최고의 사람은 1분 해피어 습관을 무의식적으로 모두 인지하고 있다.

> 아침 1분 HAPPIER 습관을 통해 성공한 위인들

#04
하워드 슐츠
: 아침 1분 습관을 새벽 경영으로 채택한 세계적인 경영자

성공은 조금씩 성취해 나가는 것이다.
성공은 결과를 당연히 여기지 않는 것이다.
성공은 가치를 부여하는 것이다.
성공은 스스로 믿는 것이다.
성공은 자신을 희생하는 것이다.
성공은 용기를 갖는 것이다.

요즘 누군가를 만나려면 미팅 장소가 주로, 초록색 원 안의 여신이 생선 가시와 왕관을 쓰고 있는 로고의 카페로 약속 장소를 잡는다. 스타벅스는 세계 어디를 가나 서비스가 비슷하다. 시스템이 되어 있기 때문이다. 하와이에 갔는데 미국 청년이 한국 청년과 비슷한 목소리 톤과 친절로 인사를 하는 것이 아닌가. 그리고 새벽 7시 이전에는 매장 대부분이 문을 열 준비를 한다. 이는 하월드 슐츠 스타벅스 회장의 새벽 경영 덕분이다.

하월드 슐츠는 매일 새벽 4시 30분에 일어난다. 그는 1분 해피어 습관의 대표적인 성공기업인이다. 그는 "아무리 성공했어도 겸손한 태도를 잃어버리면 안 된다"라고 말하는 인성까지 좋은 CEO다. 겸손한 태도를 잃지 않으면 타인을 무시할 수도, 비판할 수도 없다고 말하고 지금까지 스타벅스를 전 세계 34,317(2022년 1분기 기준)개까지 늘렸다.

처음에는 마케팅 담당자로 입사하여 스타벅스 CEO까지 올라간 그는 스타벅스의 커피 산업의 발전 가능성을 보고 직접 인수하여 지금까지 승승장구하고 있다. 공백 기간에 본인도 잠시 아프고 위기를 겪었지만, 이내 복귀해 새벽 경영으로 스타벅스를 세계적인 커피 기업으로 성장시키고 있다.

그는 새벽에 일어나서 무엇보다 먼저 자기 회사의 커피를 마시고 스타벅스 카페에서 해피어 1분 습관을 실천한다. 직원들의 복지와 고객의 만족을 위해서 끊임없이 혁신한다. 사회발전, 환경에 대한 강한 믿음, 노력, 기부를 많이 하여 기업의 제품 인지도를 세계의 톱으로 성장시켰다. 스타벅스를 미국의 500대 기업으로 키워낸 비밀은 아침 1분 해피어 습관에 있다. 그는 1분 해피어 습관을 이렇게 정의한다.

> 꼼짝할 수 없는 상황에서 모든 일이 불리하게 펼쳐질지라도 절대 포기하지 마라.
> 더는 1분도 버틸 수 없을 것 같을지라도 절대 절대 절대 포기하지 마라.
> 바로 포기하지 않고 바로 1분간 더 행복한 습관으로 관점을 바꿀 때 흐름의 판도가 바뀔 것이다.

그가 성공한 원인이 여러 가지가 있겠지만 시작은 아침 1분 해피어 습관 때문이다. 스타벅스의 성장의 원동력인 새벽 1분 해피어 습관으로 2016년 매출 2조를 넘겼다.

와이즈앱의 자료에 따르면 2020년 한 해 동안 결제 대금이 추정 1조 9,284억이다. 대략 2조 원으로 예측하는데 2위의 커피 전문점의 매출 3,655억과 너무나도 차이가 난다. 2위부터 7위까지 합쳐도 크다. 새벽은 이 모든 것을 가능하게 해준다. 한국에도 1분 해피어 습관의 실천자들이 많아서 새벽부터 움직인다. 당연히 7시 이전에 스타벅스는 그런 현재 흐름을 읽어 6시 58분부터 손님들을 받는다. 새벽에 드라이브스루에 줄을 선 차들도 많은 것을 보면 하월드 슐츠 CEO의 새벽 영감과 아이디어들은 세계에서 1위를 하게 만들기에 충분하다.

그는 아침 1분 해피어 습관으로 커피 기업답게 일어나자마자 맛있는 커피를 내린다. 커피를 마신 후 반려견과 함께 운동 겸 산책을 한다. 아내와 함께 커피를 마시며 6시 이전에는 출근하는 것으로 알려졌다. 우리가 행복한 습관을 실천하는 이유도 가족과 친구, 사회, 회사, 세상을 좀 더 나은 곳으로 만들기 위해 자신을 알아가기 위함이다. 아침에 일어나야 하는 목적이 있는 사람들은 일을 더 이상 하기 싫어서 억지로 저항하는 것이 아닌, 루틴으로 세상을 좀 더 가치 있는 곳으로 만들기 위한 사명을 실천하기 위해 일한다.

세상의 정상에 있는 사람들은 성공을 위해서, 돈을 위해서만 아침 1분 습관을 실천하지 않는다. 그들은 강력한 사명감이 있다. 이때는 일이 노동이 아니라 사명을 이루기 위한 도구가 된다. 그래서 일어날 때 저항하지 않는다. 그냥 눈이 떠지는 것이다. 만약 여러분이 이 글을 읽고 자신의 사명을 찾았다면 아침을 좀 다르게 볼 것이다. 이들은 누구에게 '아침이 좋으니 일찍 일어나세요.'라고 말하지 않는다. 스스로 모범을 보여줌으로써 세상 사람들에게 아침에 좀 더 활력이 되는 동기를 유발한다.

하월드 슐츠가 새벽 4시 이전에 일어난다고 해서 여러분이 모두 그렇게 일어나야 하는 법은 없다. 저녁에 앉아서 몰입하는 예술가들도 있다. 그런데 그런 사람들은 많지 않다. 자연의 순환에 따른 생체 리듬이 아니기 때문에 오래가지는 못한다. 일론 머스크 Elon Musk 테슬라 회장도 본인은 일주일에 100시간을 일하고 잠을 안 자지만 이건 너무나도 힘들어서 사람들에게 추천하지 않는다고 했다.

　남들이 일찍 일어난다고 피곤한 채로 기상 시간만 바꾸지 말고 자신에게 가장 좋은 시간대를 정해서 신체가 가장 행복한 1분 해피어 습관을 지속하는 편이 좋다. 그러다 보면 큰 성공과 꿈이 이뤄지는 것을 느끼게 될 것이다. 하월드 슐츠 회장처럼….

> 아침 1분 **HAPPIER** 습관을 통해 성공한 위인들

#05
팀 쿡
: 아침 1분 습관으로 애플 고객과 소통하다

팀 쿡Tim Cook은 스티브 잡스Steve Jobs의 뒤를 이어 애플을 경영하고 있다. 스티브 잡스처럼 전형적인 워커홀릭workaholic, 일 중독자이다. 리더들은 공통으로 회사의 분위기를 이끌어 가기 때문에 스티브 잡스처럼 워커홀릭이 될 수밖에 없다. 매일 새벽 3시 45분에 일어나 수백 건에 달하는 이메일을 본인이 스스로 확인한다. 이메일을 다 읽은 후 1시간 정도 피트니스 클럽에서 운동한 뒤 회사에 출근한다.

"자신이 사랑하는 일을 하면 그 일이 그냥 업무라고 생각되지 않고 일종의 자연스러운 일과로 느껴집니다."

팀 쿡은 매일 아침 4시가 되기 전 3시 45분에 일어나 있다. 일어나서 처음 한 시간 동안은 사용자를 비롯해 중요한 외부 인사들의 의견을 듣는 것을 소중히 해 오프라 윈프리처럼 소통에 초점을 둔다. 그런 다음 체육관에 가서 한 시간 운동을 한다. 운동은 해피어 습관에서 가장 중요한 습관으로 하루 중 발생하는 스트레스의 강도를 낮춰주고 체력을 길러서 고난도의 작업과 업무를 끄떡없이 해내게 해주기 때문이다. 카페에 가서 커피를 마시며 이메일을 확인하고 뭔가를 읽는다.

아침에 하루의 컨디션을 최대한으로 끌어올린다. 아침에 가장 중요한 고객과의 소통을 한 후에 저녁 시간을 느긋하게 보내는 이유는 자신을 컨트롤할 수 있는 자신감을 키우기 위함이다. 일찍 일어나면 하루를 승리로 시작하기 때문에 자신을 스스로 조절할 수 있다. 아무도 방해하지 않는 시간이기에 누구에게도 허락받지 않고, 아무에게도 방해받지 않고 오로지 자신과 독대할 수 있다. 효율성도 높아지고 하루가 즐겁고 설레는 선순환이 지속된다. 성공이 계속 쌓이는 것이다.

이런 1분 해피어 습관을 매일 한다. 자신이 하는 일을 좋아하고 사랑하기 때문에 그 전에 자신이 가장 행복한 상태, 스스로 자신감과 행복감을 느끼는 상태를 만들어 사람들에게 공명하도록 에너지를 항상 좋게 만들어놓는다. 1분 해피어 습관은 그 자리에서 바로 기분이 좋아지는 습관이기 때문에 성공한 사람들을 누구나 잡고 물어보면 이 7가지 해피어 습관을 반드시 실천하고 있을 것이다. 그것도 매일.

일을 언제 시작하느냐가 중요하진 않다. 자신의 신체 리듬에 맞는 시간대를 정해서 최고의 성과를 내도록 아침 1분만 진행하는 것이 좋다. 누구나 잠을 자고 일어나서 활동한다. 세상에서 성공한 사람들의 1분 행복 습관이라고 해서 다 따라 할 필요는 없다. 하지만 우리가 성공한 사람들이 만든 성과를 누리면서 그들의 노력을 대단하다고 칭찬하는 면에서 우리도 이미 그렇게 성공한 삶을 살고 있다. 일어나서 숨을 쉬고 살아있는 것 자체가 이미 행복이다. 오늘 하루가 간절한 사람들이 얼마나 많은가. 죽기 직전의 사람들도 오늘 하루가 얼마나 소중하겠는가. 어떻게 보면 성공한 사람들, 남들보다 더 빨리 자신의 사명을 찾은 사람들은 이미 미래의 자신의 모습을 1분 해피어 습관으로 상상해서 봤기 때문에 지금 열심히 살아가고 있는지도 모른다.

우리는 모두 언젠가는 이 세상을 떠날 것이다. 내 사명이 무엇이고, 나는 어디에서 태어나서 어디로 가는지를 매일 생각하며 질문해보는 사람들의 아침 1분은 그렇지 않은 사람들의 아침과는 다른 풍경이 펼쳐질 것이다. 아침을 여유롭고 행복하게 출근하며 시작하겠는가. 아니면 오늘도 또 지겨운 똑같이 반복되는 하루가 시작되었다고 하기 싫고, 가기 싫고, 행복하지 않은 모습의 얼굴을 하면서 하루를 시작하겠는가. 이 하루 1분이 모여 10년이 되고 평생이 된다. 여러분의 10년 후의 모습을 그려보자.

아침 1분을 더 행복하게 보낼 수 있는 1분 해피어 습관 책이 도움이 되길 바란다. 늘 아침에 이 책을 읽는 분들과 연결이 되어 필자는 응원하고 있겠다. 행운을 빈다.

에필로그

"모든 고통과 고민과 걱정이 사라진 상태"

이런 상태가 가능할까? 그리고 이런 상태의 사람들이 이 지구상에 존재할까. 1분 해피어 습관을 실천하라고 한 살아있는 부처라고 불리는 태국의 아잔 간하 큰스님이 이런 상태다. 모든 걱정과 번뇌와 고민이 다 끊어진 놀라운 경지의 행복한 분을 뵙고 든 생각은 모든 고통과 번민은 습관에서 비롯된다는 점이다.

태국에 바로 간 이유가 아침에 1분 해피어 습관을 매일 실천하다보니 행동력이 좋아졌기 때문이다. 도서관에 우연히 갔는데 딱 필요한 책이 내 손에 잡히고, 필요한 정보와 도움과 필요한 사람들이 적재적소에 항상 나타나는 것을 보고, 이 해피어 습관에는 무엇인가가 있다고 생각했다. 기적의 1분 해피어 습관이니 기적을 일으키고 실천하는 분들을 뵙는 것을 의도로 정하고 1분 시각화와 상상, 쓰기를 했다. 펜과 종이에 이렇게 적었다.

"나는 세상에서 깨달음을 얻은 선지자를 만난다."

이렇게 쓰고 그 느낌을 생생히 21초만 떠올리고 놓아주었다. 그런데 신기하게도 어떤 스님께서 태국에 아잔 간하 스님을 뵙고 온 분들에게 기적이 일어났다고 했다. 궁금한 것을 반드시 실험하고 확인해 봐야 하는 성격이라서 또 아침 기적 습관 실천 덕분에 행동력이 더 빨라져서 바로 비행기 표를 예약하고 이틀 후 태국으로 날아갔다. 2016년 9월 7일 밤 23시03분에 태국에서 쓴 감사 메모글이다.

> "정말 이 감동을 어떻게 전할까? 2500년 전에 석가모니 부처가 내게 와서 이야기 하는 듯하다. 깨달은 사람의 의식의 빛은 말을 하지 않아도 다 치유되는 것 같아 한참을 울고 머리를 바닥에 대고 감사하는 말을 계속 내면에서 내뱉었다."

필자가 운영하는 카페 게시판에 항상 감사메모를 남기는데 이리 적은 게 다시 보니 감동이다.

> "1분 해피어 습관 이후 최고의 기적 41년 살아온 날 중에 최고의 기적이 일어나 감사합니다."

감동이었다. 진짜 살아있는 세상에서 가장 행복한 번뇌가 없는 분을 만났을 때 눈물이 나왔다. 이미 가기로 예정된 것처럼, 아무런 준비 없이 주소 하나와 사원의 그림만 들고 갔다. 어떻게 가는지 몰랐기 때문에 모든 것을 다 내어맡기고 그냥 1분 행복한 상상과 확언만 했다. 그렇게 무작정 만나 뵈러 갔는데 모든 것이 이미 다 알고 준비된 것처럼 누군가가 마중을 나왔다. 삶의 질문과 존재에 대한 질문에 대한 해답을 가져왔다.

큰스님은 3달 동안 잠을 자지 않고서 삼매에 들고, 태국의 밀림에서 수행을 오래 하셨다. 킹코브라가 와서 스님에게 달려들래도 자애와 자비의 마음으로 쓰다듬어 코브라가 머리를 숙이고 그냥 가는 놀라운 기사들이 세계에 보도되었다. 행복한 분은 삶을 어떻게 바라보실까 궁금했다. 깨달은 분이 나의 질문에 대해서 뭐라고 답을 하실지 답이 궁금했지만 그보다 더 중요한 것은 에너지의 크기다. 그냥 경외감이 들었다.

큰스님께 물었다.
"르앙 포 간하, 존귀하고 존귀한 큰 스님, 지금 이 옆의 아이가 휠체어를 타고 다니고 있어요. 5살 때 아이가 교통사고가 나서 걷지를 못합니다. 아들이 언제 걸을 수 있을지 물어봐 달라고 하네요."
큰스님은 대답하셨다.
"걱정하지 마라."
이 말 한 마디에 눈물을 왈칵 쏟았다. 그냥 일반적으로 사람들이 하는 말과는 정말 달랐다. 무엇인가 그 말에는 세상을 다 통달한 의미가 있었다. 말의 함의라는 것이 그런 것일까. 그 간단한 말 한마디에 모든 삶의 문제가 다 녹아내렸다. 아이의 일은 걱정할 일이 아니고 괜찮다고 위로하는 것뿐만이 아닌, 대자대비의 바다같은 마음이 느껴졌다. 그래서 기적이라고 하는구나. 세계에서 이 분을 뵈러 온다고 한다. 그러나 인연이 잘 안되면 못 만난다고 한다. 전생에 무슨 덕을 많이 쌓아서 이런 분을 만나게 되었는지, 해피어 1분 습관에 감사하지 않을 수 없었다. 이것이 큰 깨달음으로 가게 해주는 여정이 될 것 같다는 생각이 들었다.

계속 법문을 해주셨다. 축복의 사탕을 항상 던지시면서 축원을 하시는데 아들과 필자에게는 사탕을 너무 많이 던져 주셔서 한 가득 봉지에 넣었다.
"무엇을 하던지 행복해라. 행복해야 한다. 그 행복에는 일을 하는 것도 포함한다. 행복해야 한다. 명상을 할 때 숨을 들이쉬고 내쉬고 할 때 항상 평화를 들이마시고 내쉬는 것을 연습하도록 하여라."

1분 해피어 습관을 계속 이야기 하셨다. 신기하다. 번뇌와 고통이 완전히 사라진 아라한과를 얻은 분이 이리 단순하게 진리를 설하시다니. 아이가 클래식 기타를 잘 치니 그런 재능에 대해서도 물었다.
"아이가 기타를 치면서 그 소리가 세상의 평화를 창조하도록 행복해라. 반드시 행복해라." 계속 행복을 강조하셨다.

소리가 울려 퍼져 세상에 평화를 창조하도록 엄마가 먼저 1분 더 행복해지는 해피어 습관을 실천하라는 사명으로 받아들여 새벽3시 정각에 일어나서 7가지 더 행복한 해피어 습관을 실천하기를 2550일을 넘기면서 이제는 모든 것이 저절로 이루어지고 저절로 들어오고 저절로 좋은 분들이 인연이 되고, 좋은 일이 정말 눈사태처럼 일어나는 느낌이다. 이 모든 것이 진리를 깨달은 분이 설한 1분 해피어 습관 덕분이다.

 필자는 살아오면서 정말 많은 경험도 하고 많은 것을 누리고 가져보기도 했다. 하지만 7년동안 1분 해피어 습관을 실천할 때가 세상에서 가장 행복하다. 그래서 이런 책에 쓴 성공하거나 깨달음을 추구하는 분들이 공통적으로 실천하는 이 법칙을 책으로 내놓는다. 너무 쉽지만 그것이 바로 법이란 걸 알았다. 1시간도 아니고 1분이면 더 행복해질 수 있는 습관을 들일 수 있다. 이 좋은 습관을 필자만 알기가 너무 미안해서 세상에 많은 분들이 고통에서 해방되기를 바라는 마음으로 집필했다. 항상 새벽에 같이 깨어있는 한국 미라클모닝 회원님들에게 감사하다.

아침 1분 해피어 습관을
더욱 잘 실천할 수 있는 부록을 소개한다.
하나씩 적어가면서 습관들을 실현해보자.
당신의 인생이 분명 놀랍도록 빠르게 바뀔 것이다.

부록

더 행복한 아침 습관을
만들어 보자

> 더 행복한 아침 습관을 만들어 보자

#01
딱 21일만
일찍 일어나보자

 아침에 일어나는 것을 결심해도 막상 3일 쯤 지나면 원래대로 돌아간 적이 있을 것이다. 매번 이렇게 실패가 반복되면 '에이, 시도해봤자 또 실패할 텐데' 하는 부정적인 생각이 들 수 있다.
 아침에 일찍 일어나는 습관을 만드려면 어떻게 해야 할까? 하나의 습관이 드는 데에 최소 21일이 필요하다고 한다. 미국의 의사 존 맥스웰은 사고로 사지를 잃은 사람이 이 신체에 심리적으로 적응하는 기간을 연구하다가 이 21일의 법칙을 발견했다.

영국 런던대 필리파 랠리 교수팀의 연구결과에 따르면, 사람의 뇌는 충분히 반복해 시냅스가 형성되지 않은 것에 저항을 일으킨다. 새로운 행동에 대한 기억세포가 만들어져 습관이 되는 데에는 최소 21일이 걸린다고 한다.

이 21일의 법칙을 잘 활용해보자. 습관이 되는 데에는 충분한 시간이 필요하다. 막연하게 일찍 일어나려고만 하다보면 조금만 힘들어도 포기하게 된다. 하지만 '21일'이라는 명확한 시간을 정해놓고 시도하면 의지를 계속 유지할 수 있을 것이다.

달력에 D-day를 적어 보자. 21일차가 되는 날을 표시해놓고 그날까지 습관을 만든다는 강한 목표를 세워보자. 딱 3주면 된다. 작심삼일을 딱 일곱 번 하면 되는 기간이다.

부록으로 제공되는 표를 채워서 습관을 만들어보자. 표를 복사해서 만들고 싶은 습관을 적고 실천한 날에 체크를 해보자. 3일에 한 번씩 다시 리마인드를 해보자.

나의 목표 :		
시작일 :		완료일 :

D-21	D-20	D-19
D-18	D-17	D-16
D-15	D-14	D-13
D-12	D-11	D-10
D-9	D-8	D-7
D-6	D-5	D-4
D-3	D-2	D-Day

> 더 행복한 아침 습관을 만들어 보자

#02
심호흡으로
아침을 시작하자

매일 아침 시작을 딱 1분 호흡하는 것으로 시작해보자. 호흡만으로도 자율신경계가 안정을 회복한다. 분주한 아침을 맞이하기 전, 깊게 숨을 들이켜고 내쉬는 것은 마음의 평화를 주고, 하루를 시작할 힘을 준다.

눈을 뜨자마자 보일 수 있는 곳에 호흡표를 붙여놓자. 침대 맞은편, 또는 탁자, 화장실 거울 등 아침에 반드시 눈길을 주는 곳에 표를 붙여두면 깜박하지 않고 호흡을 할 수 있다.

아래의 표를 자르거나 복사해서 붙이고 싶은 곳에 붙여보자.

매일 아침 딱 1분 호흡법

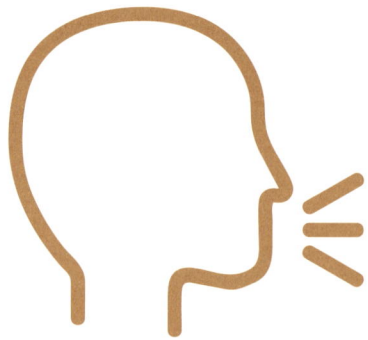

1. 앉거나 누운 채로 편안하게 척추를 바르게 편다.

2. 평소대로 호흡한다.

3. 입을 다문 채로 코로 숨을 들이마신다. 속으로 SO(소~) 소리가 나도록 한다.

4. HUM(함~)이라는 소리를 내면서 숨을 천천히 뱉는다. 소리가 사라질 때까지 내뱉는다.

5. 이 4번까지의 과정을 3번 한다.

> 더 행복한 아침 습관을 만들어 보자

#03
기적을 확신해보자

성공하는 사람들은 확언을 한다. 매일 아침 강력한 긍정의 메시지를 외치는 것은 성공에 대한 자기암시이기도 하지만, 자신의 영혼에게 힘을 주고 감사와 사랑을 전하는 행위이기도 하다.

매일 아침 긍정 확언을 잠재의식에 새겨보자. 입꼬리를 올려 미소를 지으면서 좋은 감정을 불러일으키는 것이 핵심이다.

호흡 후에 외칠 수 있는 나의 긍정 확언을 만들어보자.

나의 롤모델, 또는 유명 인사들의 긍정 확언들을 찾아보고 그대로 따라해도 좋다. 그리고 나에게 필요한 메시지나 가장 강력한 단어들로 나만의 긍정 확언을 만들어보자.

이때 부정어를 쓰지 않도록 주의한다. "나는 실패하지 않는다" 보다 "나는 반드시 성공한다"라고 말하는 것이 좋다.

나의 긍정 확언

_____

_____

_____

> 더 행복한 아침 습관을 만들어 보자

#04
긍정하고 감사하며 하루를 시작하자

나에 대한 강력한 확신으로 아침을 열었다면 그 마음으로 하루를 지속할 수 있도록 모든 말과 생각을 긍정적으로 바꿔 보자. 아무리 마음을 좋게 먹어도 나의 환경이나 상황이 따라주지 않을 때가 많다. 그럴 때면 금방 부정적인 생각이 잠재의식에 스며들고 말과 행동으로 나타나게 된다.

먼저 모든 것을 긍정하며 감사함으로 하루를 시작해보자. 나의 평소 말투 중 부정적인 것들이 없는 지 살펴보고, 지금 내 삶에서 힘든 것들을 긍정어로 바꿔서 말하는 연습을 해보자.

현재 내가 습관적으로 말하는 부정어들이 있는지 생각해보자. 불평, 불만이 있거나 고민, 걱정하고 있는 것은 무엇인가?

나의 고민은?
_____
_____
_____

고민과 걱정되는 것들 사이에 숨어있는 감사한 일들을 찾아서 긍정적인 말로 바꾸어 보자

내가 오늘 감사할 것은?
_____
_____
_____

> 더 행복한 아침 습관을 만들어 보자

#05
종이와 펜을 들어 보자

    성공하는 사람들의 습관 중 하나가 감사 일기이다. 직접 종이에 글을 쓰는 행위는 타이핑을 하는 것보다 많은 두뇌활동을 하게 만든다고 한다. 워싱턴대학의 버지니아 버닝거 심리학 교수의 연구에 따르면 손글씨는 시각과 언어를 관장하는 부분이 동시에 작동하는 일이기 때문에, 단어를 적는 과정 하나하나에 뇌가 집중하게 되어 우리의 생각도 발전된다고 한다.

    생각에 그치지 말고 종이와 펜을 들어 매일의 감사할 것들을 적어 보자. 그리고 오늘 할 것들을 정리해보자.

아래 질문들에 답하는 습관을 만들어 보자.

아침에 일어나서 지금, 이 순간 여기에서 진심으로 감사한 점 3가지는?

1 _____
2 _____
3 _____

오늘 하루를 더 행복하게 만들기 위해서 꼭 하고 싶은 활동 3가지는?

1 _____
2 _____
3 _____

이 중에 오늘 중으로 반드시 한 가지를 해야 한다면?

_____

그리고 옆의 표를 활용해 아침, 저녁으로 집중해야 할 것들을 정리해보자.

아침 루틴				
	〈ABC 일과 카드〉		20 년　월　일	
나는 ABC 이 일과를 중요도 순도로 오늘 안에 반드시 해낸다.				달성률
A	가장 중요한 목표			%
B	중간 정도 와 닿는 목표			%
C	세 번째로 하고자 하는 목표			%
저녁 자기 전 루틴				
자기 전에 반드시 피드백하고 잘 것				
1				
2				
3				

> 더 행복한 아침 습관을 만들어 보자

#06
생생하게 미래를 상상해보자

　미래는 내가 생각한 대로 이루어진다. 내가 부정적인 생각을 강하게 하면 부정적인 삶이 되고 긍정적인 미래를 꿈꾸면 매일 성공과 행복이 이루어지게 될 것이다.

　생생하게 행복한 미래를 꿈꾸려면 먼저 내가 무엇을 원하는지 구체적으로 알아야 한다. 다음 질문들을 마인드맵을 통해 생각해보자. 마인드맵은 추상적인 생각의 정리를 도와준다.

나는
무엇을 할 때
행복한가?

나는
무엇을 할 때
시간 가는 줄도
모르고
몰입하는가?

앞의 세 가지 질문에 대한 마인드 맵을 정리해보자. 나는 어떤 모습의 사람이 되고 싶은지, 나는 어떤 미래를 살고 싶은지, 어떤 행복을 누리고 싶은지에 대한 이미지가 그려졌는가?

그렇다면 이번엔 이 모습이 조금 더 생생할 수 있도록 시각화해보자. 커다란 종이에 내가 되고 싶은 모습, 가지고 싶은 것들에 대한 이미지를 찾아 붙여보라. 그리고 눈에 잘 띄는 곳에 붙이거나 세워 두자.

> 더 행복한 아침 습관을 만들어 보자

#07
아주 작은 운동부터 시작해보자

운동을 결심하고 PT를 끊거나 수영장에 등록하는 등의 노력을 해보지만, 일주일을 채 넘기지 못하고 흐지부지된 경험이 있을 수 있다. 이런 작심삼일 노력이 반복되었다면, 이제와서 새로운 운동에 도전한다 해도 실패가 잠재의식에 쌓여 '어차피 또 하다가 말텐데'라는 생각이 들 수도 있다.

해피어 1분 운동은 이런 잠재의식에 작은 성공 의식을 쌓아주는 아주 좋은 연습이 될 것이다. 딱 1분 안에 아무 생각없이도 실천할 수 있어야 하며 매일 반복할 수 있는 작은 운동 동작부터 습관을 들여보자.

스쿼트 10초 한 번, 푸시업 10초 한 번, 플랭크 10초 한 번 이렇게 루틴을 짜 보라. 또는 누운 자리에서 바로 실천할 수 있는 스트레칭 동작들을 준비해 보라. 그리고 아무리 바쁜 아침이어도 매일매일 꾸준히 도전해보자.

습관이 들 때까지는 1분 운동 루틴을 시각화해두는 것이 좋다. 아침에 운동할 장소를 정해보자. 아침을 준비하는 동선을 잘 체크해 본다. 그리고 그 동선 어디에서 운동을 하면 좋을지 정한다. 도구를 활용하는 것보다 맨몸 운동이 더 쉽고 간편해서 지속하기에 좋다. 장소를 정해두었다면 내가 정한 1분 운동 루틴을 크게 적어 써 붙여 두자.

옆에 매일 체크할 수 있도록 21일 또는 한 달짜리 체크리스트를 함께 붙여두어도 좋다. 21일을 사용할 경우 주말 없이 3주를 집중하는 것이 좋다. 30일을 목표로 할 경우 토요일이나 일요일은 쉬어가도 좋다.

옆 페이지의 체크리스트를 복사해서 붙여두고 매일 체크하는 연습을 하면 더욱 도전 의식이 생길 수 있다. 달성한 날은 슬러시나 체크 표시를 하거나 스티커를 붙여보자.

21일 습관 체크리스트

1	2	3	4	5	6	7
8	9	10	11	12	13	14
15	16	17	18	19	20	21

30일 습관 체크리스트

1	2	3	4	5	6
7	8	9	10	11	12
13	14	15	16	17	18
19	20	21	22	23	24
25	26	27	28	29	30

> 더 행복한 아침 습관을 만들어 보자

#08
독서에
중독되어 보자

 현대인들은 아마 대부분 스마트폰 중독일 것이다. 스마트폰을 잠시라도 손에서 내려놓으면 불안해지기도 하고, 폰이 없이는 혼자서 무엇을 해야할 지 알지 못하는 경우도 있다.
 하지만 당신이 더욱 풍부하고 행복한 삶을 꿈꾼다면 독서에 중독되는 훈련을 해보자. 책에는 스마트폰보다 더 많은 지혜가 담겨있다. 처음에는 독서에 집중하는 것이 쉽지 않을 수 있다. 아침 1분 해피어 습관은 딱 1분만 집중해서 책을 읽는 습관을 만들어 준다.

독서 습관이 들기 전까지, 즉 매일 습관처럼 책을 집어들기 전까지는 어려운 책보다 관심있고 흥미있는 주제의 책을 고르는 것이 좋다. 괜히 어려운 인문학 책을 집어들기 보다는 가벼운 자기계발 책 또는 하루에 힘을 주는 긍정적 마인드의 책을 골라보자.

책은 반드시 눈에 제일 잘 띄는 곳에 두어야 한다. 그리고 책을 읽는 데에 집중할 수 있도록 다른 것들을 치워 둔다. 여러 권의 책보다는 딱 한 권의 책만 세팅해 두는 것을 추천한다.

책의 맨 앞 장에는 책을 읽는 목표나 결심, 다짐들을 써두자. 이 책을 다 읽었을 때의 성취감과 긍정적으로 변한 내 자신을 그려보고, 나를 향한 응원의 메시지를 적어 보자. 책을 읽기가 싫은 날이면 이 페이지를 읽으며 다시 열정과 도전의식을 회복할 수 있다.

> 더 행복한 아침 습관을 만들어 보자

#09
보상을
만들어 보자

습관을 형성하는 데에는 3가지 요소가 있다. 찰스 두히그는 저서 《습관의 힘》에서 습관 고리를 소개했다. 신호-반복행동-보상으로 이루어진 이 습관 고리가 모든 습관을 만들어낸다는 것이다.

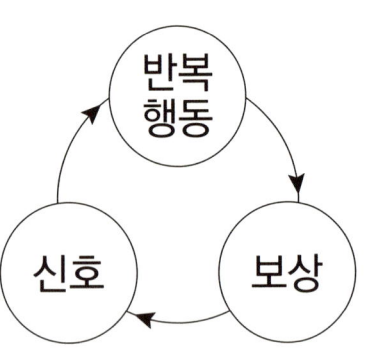

모든 행동은 자극, 동기, 능력으로 이루어진다. 어떤 행동을 하고 싶은 자극

이 발생해서 동기를 만들고 능력 여부에 따라 행동이 구현된다. 이런 자극은 사람의 무의식에서 발현되는 경우가 많다. 많은 광고가 사람들의 숨은 욕구들을 파악해 클릭을 유도하는데에 자극적인 문구들을 사용하는 이유이다. 자극적일수록 행동으로 이어질 확률이 크다.

자극을 받으면 행동하게 되는데 이 행동이 자주 반복될 때 습관화가 된다. 행동은 강하게 하는 것보다 자주, 일관적으로 발생할 때 습관이 된다. 하루 1시간 운동을 계획하고 이틀로 끝나버리는 것보다, 하루 1분씩 한 달을 하는 것이 습관화되기 쉽다는 것이다. 한 번 습관이 들면 그 다음부터는 시작하는 데에 에너지가 적게 든다. 따라서 무리하게 과한 강도의 습관 목표를 정하는 것보다 아침 1분 해피어 습관으로 꾸준히 하는 것이 좋다.

중요한 것은 습관 고리의 마지막 요소인 '보상'이다. 자극 받은 행동이 반복 행동으로 이어지는 이유는 그것이 쾌락이나 만족감 등 감정적 또는 물질적인 보상을 주기 때문이다. 처음에는 이 만족감이 보상중추신경을 활성화 시킨다. 이것이 반복되면 자극만 받아도 보상중추가 활성화된다. 그 유명한 파블로프의 개 실험을 예로 들 수 있겠다. 이렇게 습관 고리가 형성되고 나면 행동하는 시동 에너지가 줄어든다.

문제는 습관화를 들이는 데에는 시간이 오래 걸리므로 빠른 결과를 원하는 현대인들은 금방 지치고 만다. 특히 좋은 습관들은 재미를 느끼기 힘든 경우가 많다. 아침 1분 해피어 습관은 아주 작고 쉬운 1분 습관들로 이루어져있기 때문에 이 문제를 상당히 보완해준다. 하지만 보상을 두지 않으면 지속적인 습관으로 이어지기 힘들 수 있다.

의욕을 불어넣을 수 있는 나만의 보상들을 세워 보자. 첫 번째 방법은 기존의 보상과 연결하는 것이다. 예를 들면 오늘 모든 습관 루틴을 달성했다면 먹고 싶은 메뉴로 저녁 식사를 한다던가, 원하던 쇼핑 목록의 물품 하나를 결제한다던가 하는 방법이다. 기존의 습관처럼 누리던 작은 행복 습관들을 목표 의식과 연결지으면 효과가 좋다. 단, 목표한 습관 루틴을 완주하지 못했을 때는 성취할 수 없는 보상들로 구성해야 한다.

두 번째 방법은 물질적인 보상이다. 매일 달성할 때마다 나에게 작은 상금을 걸어두자. 천 원에서 만 원 사이가 좋다. 그리고 목표일수를 정한다. 21일, 30일, 100일 등 원하는 일수를 잡는다. 매일 도전에 성공할 때마다 상금이 쌓일 것이다. 막연히 돈을 모으는 것이 아니라 완주했을 때 모인 돈으로 무엇을 할 지 정해두자. 그리고 그 돈으로 사고 싶은 것을 이미지로 프린트 해서 붙여두라. 목표가 시각화 되면 달성하고 싶은 의욕이 더욱 오를 것이다.

세 번째 방법은 다른 사람에게 나의 도전 목표를 선언하는 것이다. 공개 선언 효과라고 부르는데, 말이나 글로 자신의 목표를 공개하면 그 것을 끝까지 하게 되는 경향을 말한다. 이때 주의할 것은 아무에게나 선언하는 것이 아니라 나를 지지해주고 도전을 긍정적으로 응원해줄 수 있는 사람들에게 선언하는 것이다. 주위 사람들에게 격려를 받고 변화된 내 자신을 보여주며 자존감을 쌓아가는 것은 좋은 보상이 될 수 있다.

다른 그 무엇보다 좋은 보상은 정신적인 보상이다. 조금씩 변화하는 모습을 매일 인지하고 있으면 자기 자신에 대한 대견함, 만족감 등이 좋은 보상이 될 수 있을 것이다.

> 더 행복한 아침 습관을 만들어 보자

#10
실패의 피드백을 해보자

큰 결심을 하고 도전을 했으나 실패하는 날이 있을 수 있다. 한 번의 실패가 좌절로 이어지지 않으려면, 실패에 집중하는 것이 아니라 목표에 집중하는 훈련이 필요하다.

왜 아침 습관을 시작하게 되었는지, 그 과정에서 나에게 기대하는 바는 무엇인지 생각해보자. 시작하게 되었던 동기는 목표를 지속하게 하는 좋은 요소이다.

왜 아침 1분 해피어 습관을 시작하게 되었는가?

_____

_____

_____

이 습관으로 기대하는 바는 무엇인가?

_____

_____

_____

좋은 습관을 만들고 싶은 이유는 긍정적이고 멋진 나의 미래를 꿈꾸기 때문이다. 그리고 더 나은 내 자신을 바라기 때문이다.

좋은 습관들이 만들어 나갈 나의 미래 일기를 써 보자. 내가 기대하던 바가 이루어진 미래를 기준으로 써 보는 것이다. 먼저 모든 것이 이루어진 나의 모습은 어떠한지 구체적으로 써보자. 그리고 그 상태의 내가 되어서 일기를 써 보자. 생생하게 이루어진 미래를 꿈꾸면 뇌가 그것을 현실로 인식한다.

모든 것이 이루어진 나의 모습은?

_____

_____

_____

미래 일기

미래 일기를 써보았다면 이제 실패했을 때마다 지금의 감정들을 떠올려보자. 실패한 내 자신에게 집중하는 것이 아니라 성공한 나의 모습에 몰입하는 것이다.

그 다음 습관이 지속되지 못한 이유를 분석해 본다. 왜 나는 오늘 아침 습관을 놓쳤을까? 예를 들어 전날에 늦게 잠들어서 아침이 분주하거나 피곤했을 수 있다. 늦잠을 잔 이유는 야근이 있거나 회식이 있는 등의 외부적인 요건들이 있을 수도 있고 드라마나 게임에 빠져 밤을 새는 등의 개인적인 이유였을 수도 있다.

외부적인 요건들은 개인이 조절할 수 없는 경우가 많으므로 실패에 대해 관대하게 넘어가고 다시 다음 날부터 열심히 도전하면 된다.

하지만 개인적인 유혹이 문제가 되는 경우 원인을 분석하고 자기 자신을 제어할 수 있도록 해야 한다. 단기적인 눈 앞에 보상이 아니라 장기적인 나의 목표들을 바라보는 것이 중요한 이유이다. 오늘 내가 포기한 잠깐의 쾌락이 더 큰 보상으로 돌아오는 것을 기억해야 한다.

오늘 나의 실패 원인은?

_____

_____

_____

이 문제를 반복하지 않기 위한 나의 방법/결심은?

_____

_____

_____

이런 질문들을 쌓아가며 습관들을 쌓아가 보자. 당신의 행복한 아침과 멋진 미래를 응원한다.

기적의 아침 1분
HAPPIER 습관

초판 1쇄 인쇄 2023년 2월 15일
초판 1쇄 발행 2023년 2월 22일

지은이	엄남미
펴낸곳	케이미라클모닝
디자인	고은아
편집	엔젤디자이너스
출판등록	제 2021-000020 호
주소	서울 동대문구 전농로 16길 51, 102-604
전자우편	kmiraclemorning@naver.com
전화	070-8771-2052

ISBN   979-11-92806-01-3 (03190)
값   15,000원
Copyright 엄남미ⓒ 2023

- 이 책은 저작권법에 따라 보호를 받는 저작물입니다. 무단 전제와 복제를 금합니다.
- 이 책의 내용의 전부 또는 일부를 사용하려면 반드시 저작권자와 케이미라클모닝 출판사의 동의를 받아야 합니다.
- 잘못된 책은 구입하신 서점에서 교환해 드립니다.
- 케이미라클모닝 출판사 문에 노크해 주십시오. 어떤 영감과 생각이라도 환영합니다.